Lecciones de fútbol
El centro del campo

A pesar de haber puesto el máximo cuidado en la redacción de esta obra, el autor o el editor no pueden en modo alguno responsabilizarse por las informaciones (fórmulas, recetas, técnicas, etc.) vertidas en el texto. Se aconseja, en el caso de problemas específicos —a menudo únicos— de cada lector en particular, que se consulte con una persona cualificada para obtener las informaciones más completas, más exactas y lo más actualizadas posible.
EDITORIAL DE VECCHI, S. A. U.

© Editorial De Vecchi, S. A. 2018
© [2018] Confidential Concepts International Ltd., Ireland
Subsidiary company of Confidential Concepts Inc, USA
ISBN: 978-1-64461-021-3

El Código Penal vigente dispone: «Será castigado con la pena de prisión de seis meses a dos años o de multa de seis a veinticuatro meses quien, con ánimo de lucro y en perjuicio de tercero, reproduzca, plagie, distribuya o comunique públicamente, en todo o en parte, una obra literaria, artística o científica, o su transformación, interpretación o ejecución artística fijada en cualquier tipo de soporte o comunicada a través de cualquier medio, sin la autorización de los titulares de los correspondientes derechos de propiedad intelectual o de sus cesionarios. La misma pena se impondrá a quien intencionadamente importe, exporte o almacene ejemplares de dichas obras o producciones o ejecuciones sin la referida autorización». (Artículo 270)

Manuel Gandin

LECCIONES DE FÚTBOL
EL CENTRO DEL CAMPO

ÍNDICE

Introducción 11

Primera parte
NOCIONES GENERALES

El pie. 14
Las partes del pie y sus funciones 14
Ejercicios para favorecer la agilidad del pie (tobillo). 15
Correlación con las rodillas y la columna vertebral 19
Las anomalías que pueden encontrarse 20

El equipamiento 22
Las botas. 23
El balón 27

La aproximación al balón: coordinación y sensibilidad 29
Coordinación dinámica general y equilibrio 29
Coordinación oculomanual (ojo-mano) 31
Coordinación oculopedestre (ojo-pie) 32
Lateralidad 32

Los campos de juego 34
El campo «de once» 34
El campo «de siete» 37
El campo «de cinco» 38

Cómo comportarse en condiciones adversas. 39
Terreno pesado. 39
Terreno helado 40
Viento 40
Decisiones del árbitro 40

LECCIONES DE FÚTBOL: EL CENTRO DEL CAMPO

Segunda parte
TÉCNICA, TÁCTICA Y FUNCIONES DE LOS CENTROCAMPISTAS

El motor del juego del equipo 42

Cualidades del centrocampista y especializaciones 47
El medio defensivo 48
El organizador de juego 51
El centrocampista de apoyo. 53
El centrocampista exterior 54
El medio volante. 55
El media punta. 56
— El «número 10» 58

Técnica y táctica del centrocampista moderno. 60
Jugar sin balón 62
Sentido de la colocación en el campo 64
Jugar lejos o cerca de los compañeros 65
El marcaje al adversario 67
— Doblar el marcaje 68
La falta táctica 70
Los contraataques 71
El pase horizontal 73
El pase vertical y en profundidad 75
El centro. 76
La triangulación 78
La asistencia. 80
La finta y el *dribbling* 81
El control del ritmo del partido: ralentizar o acelerar la acción . . . 83
El centrocampista jugando en campo propio. 84
El centrocampista en la franja central del campo 86
El centrocampista jugando en campo contrario 87
El *pressing* 88
El centrocampista en funciones de atacante y disparando a portería . . . 89

Sistemas de juego y tácticas de equipo 92
El marcaje al hombre en el centro del campo 93
El marcaje zonal en el centro del campo 94
El juego a la italiana y el contragolpe. 96
El fútbol total. 97

Los esquemas de juego desde los orígenes hasta nuestros días . . . 99
El método. 100
El sistema 101

El juego a la defensiva 102
El 4-2-4. 103
El 4-3-3. 103
El 4-4-2 y el 4-5-1 104
El 5-3-2 y el 3-5-2 106
El 3-4-3. 107

El entrenamiento técnico y táctico del centrocampista....... 108
El control del balón.................................... 109
La recepción 112
Pases, tiros a portería y ejercicios técnicos y tácticos en grupo 115

Tercera parte
METODOLOGÍA DE TRABAJO Y PREPARACIÓN FÍSICA GENERAL

La aproximación al juego 122
La capacidad de aprendizaje 122
Hipótesis de trabajo. 123
Inteligencia y memoria 123
Del individuo al grupo 123

Ejercicios de calentamiento y de relajación.............. 125
El calentamiento..................................... 125
La relajación 128
— Ejercicios para descargar la columna vertebral 130

Ejercicios de potenciación muscular 132
Programa simple de potenciación
(extremidades superiores e inferiores, músculos abdominales y dorsales).. 133
Entrenamiento muscular en circuito *(circuit training)* 134
Programa de entrenamiento para grupos musculares alternados 137
Ejercicios en el gimnasio.............................. 138
Otros ejercicios para las extremidades inferiores 138

INTRODUCCIÓN

Cuando un delantero centro se sitúa frente al marco contrario, mira al portero, dispara y marca un gol que hace estallar un clamor de júbilo en el estadio, se completa un mecanismo que se había iniciado con la preparación de la pretemporada y con los entrenamientos semanales. Se trata de un mecanismo que recibe el nombre de juego de equipo, la base entorno a la cual gira el juego más popular del mundo, el fútbol.

Sin juego de equipo no habría encuentros apasionantes, y probablemente subirían menos goles al marcador. Pero para lograr la victoria mediante el juego de equipo hace falta sobre todo un corazón, un motor constructor del juego, que no es otro que el centrocampista. El jugador que desempeña las funciones atribuidas al centrocampista es el cerebro, el guía, la luz que ilumina todo el estadio. Así es el centrocampista, un jugador con capacidad para _____ na red que hace sentirse pro_____ as a los otros compañeros y _____ liza con la materialización

_____ rtantísimo contar con un _____ lameta, excelentes defen_____ antes con olfato de gol, _____ anizador de juego, sin los centrocampistas que pongan en práctica las órdenes del entrenador sobre la táctica de juego a desarrollar, un equipo de fútbol difícilmente podría ganar partidos. En la historia del fútbol mundial se han visto equipos vencedores con porteros quizá nada extraordinarios, con defensores mediocres y con atacantes de calidad apenas suficiente, pero ningún equipo, ni el más ambicioso ni el menos competitivo, ha podido prescindir de un centro del campo formado por jugadores esenciales para intentar lograr la victoria. Para que un equipo débil pueda imponerse a un equipo mucho más fuerte, siempre debe darse la condición de que los jugadores estén dispuestos en el terreno de juego a la perfección, de modo que puedan llevar a la práctica la estrategia planteada por el entrenador en la preparación del partido y conducida por los centrocampistas.

Todo esto tiene lugar en la parcela del campo situada entre la defensa del propio equipo y la contraria. En este espacio se realizan los mayores esfuerzos para controlar el partido, y los jugadores que intervienen en esta fase se convierten en los protagonistas más importantes del encuentro. No en vano es la línea más difícil de preparar tácticamente y la que exige funciones más concretas y diferentes entre sí: medios defensivos, volantes, organizadores de juego, medias puntas, definidores, pivotes. Cada característica específica determina una variante en la función más ambiciosa del fútbol, la del centro del campo.

Justamente por esta razón, el centrocampista debe reunir en la medida de lo posible, todas las cualidades que individualmente se exigen a los jugadores de las otras posiciones: clase, fuerza, preparación física, buena visión de juego, precisión en el lanzamiento y una personalidad muy marcada.

En definitiva, el papel del centrocampista es el más ingrato del fútbol, precisamente porque estas características no admiten términos medios: el centrocampista nace, no se hace. Con entrenamiento y tenacidad se puede mejorar técnicamente, pero el auténtico centrocampista sabe, desde el primer toque de balón, que su principal misión será jugar para el equipo antes que para sí mismo.

En este libro trataremos los aspectos tácticos del juego en el centro del campo, dando por supuesta una cierta familiarización por parte del lector con la técnica futbolística de base. En cualquier caso, nos referiremos a la técnica de base cuando sea necesario y le dedicaremos una parte del capítulo de ejercicios específicos para los centrocampistas. Para profundizar en el tema recomendamos la lectura de los cuatro volúmenes anteriores de esta colección titulada «Lecciones de fútbol» publicada por Editorial De Vecchi: *El control del balón; Driblar, pasar, tirar; La defensa y el portero; El juego de ataque.*

Primera parte

NOCIONES GENERALES

EL PIE

Golpear el balón es un gesto instintivo, casi innato si observamos a un niño en su primer contacto con él. Se puede decir que el ser humano aprende a utilizar los pies antes de conocerlos. Sin embargo, es importante saber cuáles son las partes de las que consta el pie y cuáles son las funciones que puede desarrollar cada una de ellas cuando se juega a fútbol. Desde luego, saberlo no nos va a convertir en campeones, pero sí que puede sernos muy útil a la hora de desarrollar nuestra técnica. Es verdad que la naturaleza favorece a los atletas con el pie pequeño, más adecuado para domar el balón y para golpearlo con la tensión oportuna. No obstante, la dedicación constante corrige también los «pies grandes» y ayuda a mejorar el movimiento.

Las partes del pie y sus funciones

Observemos las figuras 1 y 2, en las que hemos dividido el pie del futbolista en siete partes:

— empeine superior;
— interior;

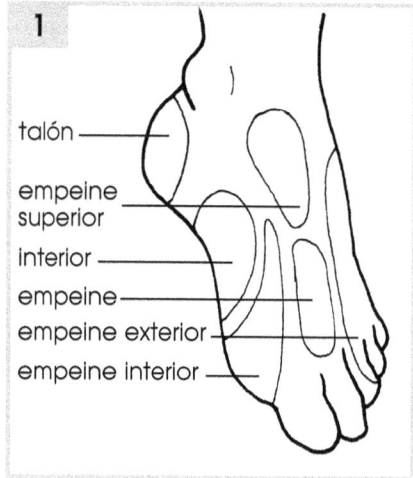

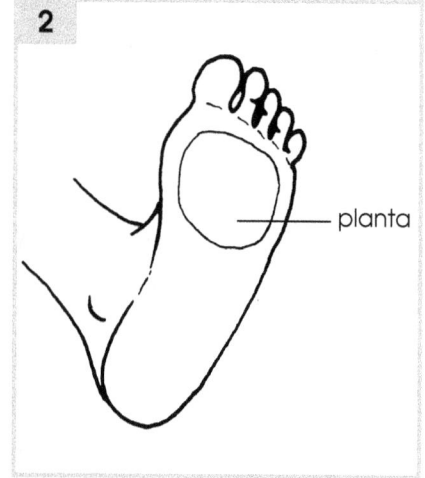

EL PIE

— empeine interior;
— empeine exterior;
— empeine;
— talón;
— planta.

Se trata de una división convencional a la que nos atendremos en la explicación de los distintos toques.

Hay quien, por ejemplo, prefiere subdividir aún más la zona del empeine del pie, especificando también el empeine interior medio y el empeine exterior medio, y distingue el empeine interior (parte superior del interior del pie) de la paleta interior (parte inferior) así como el empeine exterior (parte superior del exterior del pie) de la paleta exterior (parte inferior).

Establecido el criterio para reconocer las partes de esta extremidad, veamos para qué tipos de toques sirven, sin olvidar nunca que cada una de ellas tiene una sensibilidad propia, diferente de las otras: por ejemplo, cuando se habla de control con la parte inferior del empeine o control con el talón hay que entender una amortiguación más que una parada en seco del balón.

- El empeine interior permite:

— conducir el balón;
— regatear (superar al adversario);
— pasar;
— tirar.

- El interior permite:

— parar el balón;
— pasar;
— tirar.

- El empeine exterior permite:

— controlar el balón;
— conducir;
— regatear;
— pasar;
— tirar.

- El empeine permite:

— controlar el balón;
— pasar;
— tirar balones bombeados.

- El empeine superior permite:

— conducir el balón;
— tirar.

- El talón permite:

— controlar el balón;
— pasar;
— desviar.

- La planta permite:

— controlar el balón;
— conducir.

Ejercicios para favorecer la agilidad del pie (tobillo)

La sensibilidad del pie no significa prescindir de otra propiedad importante como es la movilidad. Deriva de la soltura de los tendones y los ligamentos del tobillo, el punto más delicado del pie, puesto que si no funciona perfectamente es imposible golpear el balón con naturalidad. Algunos ejercicios ayudan a mantenerlos en perfecto estado, y restablecen la funcionalidad de tendones y ligamentos tras una lesión. Permiten potenciar el aparato muscular y

LECCIONES DE FÚTBOL: EL CENTRO DEL CAMPO

ligamentoso del pie y aumentar la estabilidad articular del tobillo, siempre en relación con las diferentes superficies (el terreno de un campo o el pavimento de un gimnasio). La mejora en la movilidad de estas estructuras permite a su vez amortiguar el peso del cuerpo, ofreciendo elasticidad y soltura a los movimientos. Los beneficios que aporta este tipo de gimnasia también pueden interesar a otras partes del cuerpo que se vean comprometidas por unos movimientos erróneos; así se podrá volver a encontrar un esquema correcto de posturas y de movimientos.

• Sentados, doblaremos y estiraremos los pies (fig. 3) para reforzar los tendones dorsales y los posteriores.

• En la misma posición giraremos los pies en ambos sentidos, a derecha e izquierda, para soltar los músculos al máximo (fig. 4).

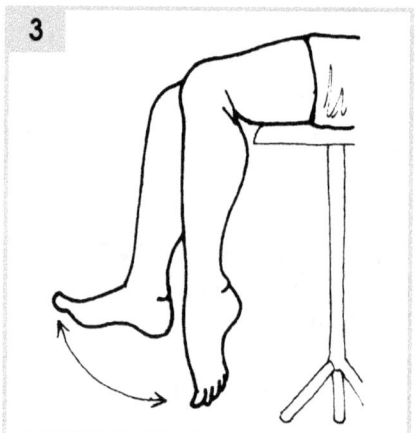

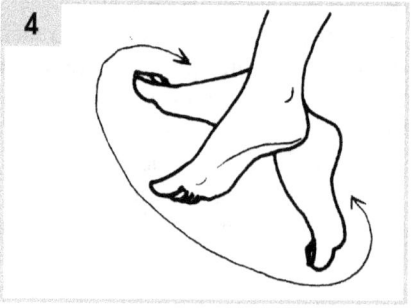

EL PIE

- En pie con los brazos hacia arriba, los bajaremos (figs. 5 y 6) y flexionamos dos veces; volveremos a la posición inicial.
- Caminaremos, descalzos, de puntillas (fig. 7); con las puntas hacia

dentro (fig. 8); hacia fuera (fig. 9); sobre los talones (fig. 10); sobre el interior (fig. 11) y sobre el exterior de los pies (fig. 12).

Estos ejercicios están indicados, para la recuperación del tobillo o tras un periodo de inmovilidad.

• Haremos un poco de *stretching* (que implica estiramiento y tensión) para mantener la flexibilidad y la elasticidad de los músculos de la pantorrilla y del tendón de Aquiles (fig. 13). Hay que empezar gradualmente, sin prisa y con regularidad.

Debe practicarse por la mañana, y cuando uno se siente rígido, aunque también es válida para descargar la tensión después de haber pasado un buen rato de pie o sentado. Puede practicarse (en las horas y días libres) no sólo como calentamiento, sino

EL PIE

13

para aliviar molestias musculares.

Correlación con las rodillas y la columna vertebral

Los pies, las rodillas y la columna vertebral deben mantener siempre una alineación correcta. Cuando una de las tres partes no está en la línea natural, se acaban creando paramorfismos a los que tienden a adaptarse las líneas de carga. Los paramorfismos son posiciones incorrectas que suelen manifestarse entre los 12 y los 13 años y que pueden remediarse, al contrario que los dimorfismos, que, por lo común, se mantienen hasta la edad adulta. Por ejemplo, los pies planos provocan las rodillas zambas, mientras que el pie cóncavo provoca las rodillas estevadas (piernas arqueadas). Las rodillas valgas, a su vez, provocan un desnivel de la pelvis.

Todo esto produce la desviación de la columna sobre el plano frontal, como ocurre en el caso de la escoliosis, y sagital, como en los casos de la lordosis y del dorso inclinado (véase la disposición de los ejes en la figura 14). Imaginemos

 LECCIONES DE FÚTBOL: EL CENTRO DEL CAMPO

14

plano sagital · eje vertical · plano frontal · eje transversal · eje sagital · plano horizontal

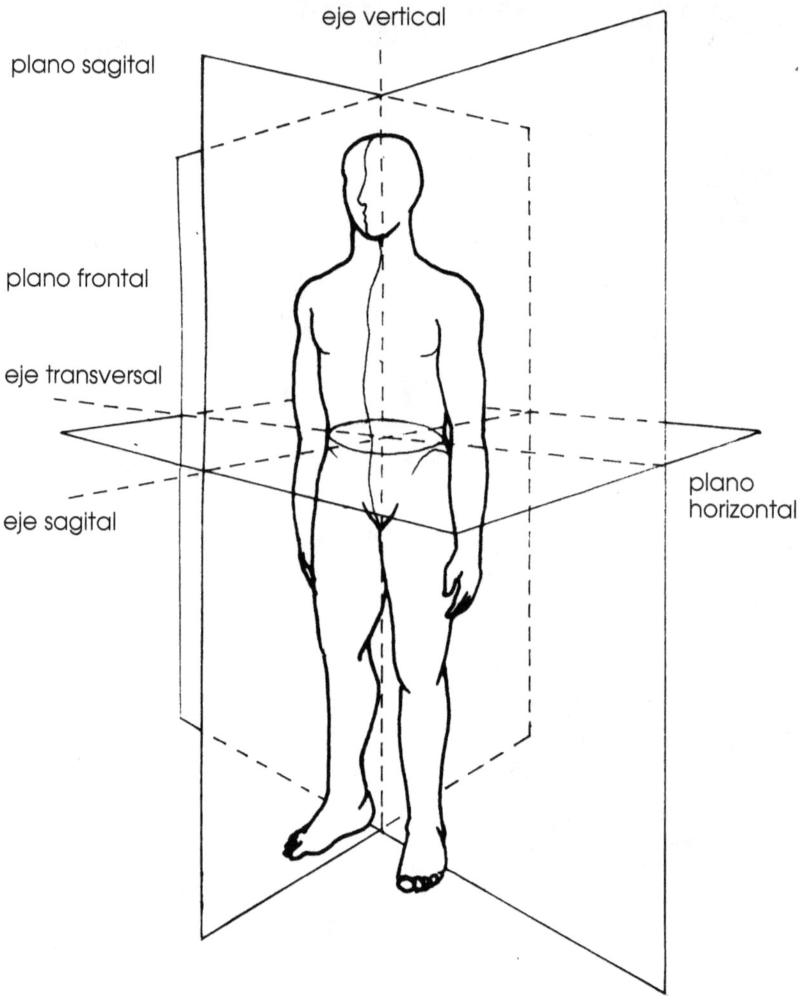

un esqueleto sujetado por muchos tirantes: es suficiente que se debilite sólo uno de ellos para deformar la estructura de sujeción.

Las anomalías que pueden encontrarse

Ya a una edad más avanzada se pueden encontrar anomalías como los pies planos, los pies cóncavos, la rodilla valga y la rodilla patiestevada (es decir la parte inferior de la pierna desviada hacia el exterior o hacia el interior). A veces, además de estas aparecen otras malformaciones o disfunciones que, diagnosticadas con suficiente antelación, se pueden curar con la gimnasia correctiva. Tal es el caso de la escoliosis (curvamiento), o desviación lateral de la

EL PIE

columna a la que, a menudo, se le asocia una rotación de las vértebras sobre el eje longitudinal, causada por la artrosis, los defectos congénitos, la parálisis de los músculos del tronco o las posiciones estáticas defectuosas.

Las anomalías se descubren observando asimetrías, movimientos incorrectos y posturas viciadas, que provocan un defectuoso restablecimiento de los segmentos corpóreos, los músculos y los huesos.

EL EQUIPAMIENTO

El fútbol es, desde siempre, un deporte popular porque enardece pasiones, exalta el apego a unos colores y aglutina a una ciudad, incluso a una nación, alrededor de un equipo. El fútbol, promovido y elevado a la categoría de gran espectáculo y de gran negocio por los europeos y los latinoamericanos, consigue atraer a las masas, ante todo, porque, a pesar de esta posición dominante en el panorama competitivo mundial, cuesta poco y no requiere material ni equipo especial. Para delimitar un primer terreno de juego es suficiente un pequeño solar. También podría ser un patio, una pequeña plaza o una playa, pero, hoy en día, las normas de convivencia civil son más severas y no permiten ni a los niños ni a los jóvenes jugar allí donde desearían, como les ocurría a sus padres, sobre todo si se tiene en cuenta que el tráfico automovilístico ha hecho muy peligrosas las calles, en las que los chicos corrían detrás de una pelota sin ningún cuidado. Tampoco hay que hacer demasiado gasto. Para jugar es suficiente el equipo básico: camiseta, pantalones

EL EQUIPAMIENTO

cortos y mallas para calentar los músculos en la época de frío y medias (figura 15). Como mucho, es recomendable la utilización de espinilleras para las piernas, sujetas debajo de las medias y constituidas por una superficie rígida de plástico y un relleno interior de goma o material sintético (fig. 16), y, si es necesario, de protectores para los tobillos, en forma de vendajes rígidos o de elementos acolchados.

A pesar de que pueda parecer excesivo, la protección de los tobillos es necesaria. De hecho, los modelos de botas modernos se cortan por debajo de la articulación.

Las botas son la herramienta básica de la indumentaria de un futbolista. El otro elemento igualmente indispensable para jugar es, naturalmente, el balón. Veamos cómo hay que equiparse.

Las botas

Es conveniente prescindir de cualquier tipo de calzado que pueda ser útil para la preparación atlética —como el que tiene la suela y el empeine acolchados— y limitarse a las botas específicamente pensadas para el fútbol, las cuales deben ser cómodas y cumplir con un requisito: tener una forma que asegure la estabilidad del jugador, sea cual sea el estado del terreno, y que mejore la sensibilidad del pie, un factor decisivo para lograr un buen control del balón. No es una casualidad que los brasileños sean famosos por jugar torneos con los pies desnudos en la playa de Copacabana.

El calzado para el fútbol es ligero (figura 17), se ajusta al pie y está provisto, en la parte anterior del empei-

LECCIONES DE FÚTBOL: EL CENTRO DEL CAMPO

18

ne, de un suave protector para los dedos, destinado a mejorar la sensibilidad de la extremidad, además del sólido refuerzo de cuero típico de los antiguos modelos de botas (figura 18), cuando —al menos así se cuenta— los profesionales preferían un número menos que el de sus zapatos de calle y, para alargarlas hasta la medida deseada, las sumergían en agua caliente después de habérselas calzado.

19

EL EQUIPAMIENTO

Tal vez estas costumbres nos hagan sonreír. Pero, en cambio, no se puede bromear en cuanto a los aspectos reglamentarios. La suela, marcada por unas tiras y provista de tacos (fig. 19), es la parte que caracteriza a las botas de fútbol (llamadas también *botas de tacos*) y puede resultar un instrumento peligroso si se transgreden las normas de seguridad dictadas por la Federación.

Tres son las normas que deben respetarse:

1. Las tiras pueden ser de cuero o de goma, transversales y planas; con una anchura mínima de 12,7 mm y con los bordes redondeados, tienen que extenderse a lo largo de toda la anchura de la suela.

2. Los tacos recambiables, acoplados en las suelas, pueden ser de cuero, goma, aluminio, plástico o materiales similares y homologados, y tienen que ser macizos. A excepción de la parte que constituye la base, que no podrá sobresalir de la suela más de 6 o 6,35 mm, los tacos tienen que ser circulares (por lo tanto lisos), con la punta lisa, redondeada en los bordes y de un diámetro que no debe ser inferior a 12,7 mm, la medida mínima a la que tiene que ajustarse el diámetro de la extremidad que sobresale en el caso de los tacos de forma cónica. Están prohibidas, por tanto, las puntas afiladas. Si los tacos recambiables se fijan a unas láminas metálicas, estas tienen que estar incorporadas a la suela y cada tornillo debe formar un solo cuerpo con el taco que sujeta. No se permite, además de la lámina para atornillar los tacos, ningún otro tipo de placa metálica, aunque esté

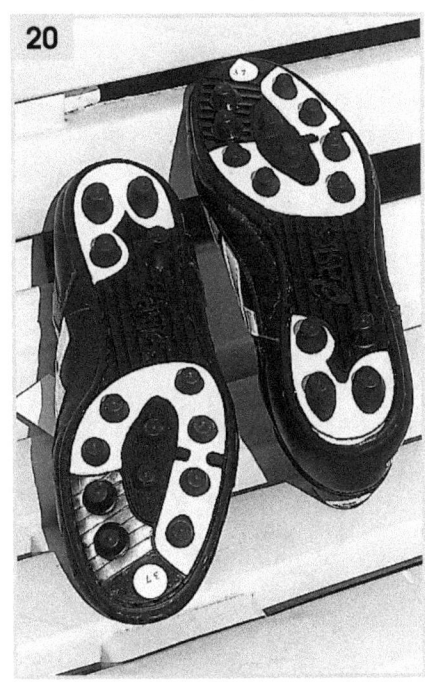

20

recubierta de cuero o goma, ni tampoco los tacos fileteados que se atornillan a una tuerca fijada en la suela, ni los que, a excepción de la base, tengan salientes de cualquier tipo.

3. Los tacos fijos, que están moldeados de manera que son parte integral de las suelas, y por tanto no recambiables, tienen que ser de goma, plástico, poliuretano o materiales blandos parecidos. No tiene que haber menos de diez en cada suela y el diámetro no puede ser inferior a 10 mm (fig. 20).

Aclaradas la forma, la consistencia y la anchura de los tacos (los recambiables son por lo menos, seis por suela, aunque hay empresas de fabricación que han añadido el séptimo a la altura del pulgar para mejorar el equilibrio del jugador), hay que

 **LECCIONES DE FÚTBOL: EL CENTRO DEL CAMPO**

21

preguntarse cuál debe de ser la longitud de estos elementos salientes.

Se pueden encontrar de 6, de 12, y de 18 mm.

Estas tres medidas garantizan la estabilidad del futbolista en función de las condiciones del terreno; cuanto más blando sea este, más largos deberán ser los tacos, y viceversa.

Si nos equivocamos en la elección de los tacos (o no los cambiamos cuando se han gastado demasiado), se corre el riesgo de moverse con poco equilibrio y aumentar la posibilidad de lesionarse seriamente. Una rápida inspección del campo antes de empezar el partido no es nunca una pérdida de tiempo.

En los campos de entrenamiento y en los artificiales se utilizan también calzados con suela irregular, o bien recubierta de pequeños elementos de goma, que hacen la función de los tacos y facilitan, así, la adherencia a la superficie (fig. 21).

En los campeonatos de categoría benjamín (de 8 y 9 años) y alevín (de 10 y 11 años), se permite la utilización de zapatillas de tela, un tejido muy adecuado para mejorar la sensibilidad del pie y aún más ligero que el cuero, idóneo para la edad de estos jugadores así como para favorecer una mayor transpiración.

Cuando los pies están muy a gusto suele decirse que los zapatos son «cómodos como guantes». Sin embargo, en ciertas ocasiones ni siquiera el producto de un trabajo cuidadoso es suficiente para evitar la formación de ampollas en los pies, sobre todo si no se han atado bien las botas antes de jugar. En este caso, los expertos aconsejan untar el pie con vaselina (igual que se hace en la montaña, antes de esquiar o de caminar).

Las botas de fútbol requieren el mismo cuidado, si no mayor, que los zapatos que llevamos diariamente cuando no hacemos deporte. Durante el juego sufren golpes, presiones y roces, se mojan, retienen la hierba y el barro. Maltratadas en la competición, hay que tratarlas bien después de habérselas quitado.

Con un cepillo y agua limpia se quitan las incrustaciones. Después, se ponen a secar en un lugar a buena temperatura, pero nunca cerca de una fuente de calor (radiador, estufa o chimenea) porque la piel podría encogerse, secarse o estropearse.

Cuando están secas, es conveniente lustrarlas o aplicarles una capa de grasa para proteger y mantener suave el empeine, que así durará mucho más. Los más cuidadosos incluso les ponen una horma.

EL EQUIPAMIENTO

Un aficionado debe conocer de memoria estas pequeñas obligaciones. En los clubes profesionales hay un encargado de tener en orden la vestimenta de los jugadores (el utillero), pero no faltan futbolistas que se ocupan de sus botas: uno de estos fue Ruud Krol, líbero del Nápoles durante muchos años, y antes defensor de aquella magnífica selección de Holanda que acabó dos veces en segundo lugar en los Campeonatos del Mundo, de 1974 en Alemania y de 1978 en Argentina.

El diseño de los años noventa ha traído un toque de frivolidad incluso a la confección de las botas de fútbol. Ya fuesen de realización artesanal o industrial, estábamos acostumbrados a las botas rigurosamente negras, como mucho adornadas con bandas o símbolos distintivos de la marca.

Pues bien, desde hace algunas temporadas se ha modificado esta tradición con el lanzamiento de nuevos colores: en un primer momento creó en todos una cierta sorpresa ver al entonces jugador del Milán Marco Simone corretear con botas blancas, a su compañero de equipo, el liberiano George Weah, con otras rojas y al entonces jugador del Atalanta Gigi Lentini con unas azules, sólo por citar algunos jugadores de categoría internacional. Una simpática, y probablemente eficaz, ocurrencia publicitaria, pero que no convertirá nunca a un penco en un campeón. Cenicienta sólo ha habido una.

El balón

Es la bola mágica de nuestros hijos, dentro de la cual ruedan sus sueños de gloria. Los jóvenes cogen confianza muy pronto con a cualquier pelota, pero en un partido hay que estar familiarizado con el balón reglamentario, que es tal cuando sus dimensiones están comprendidas entre los siguientes límites:

— la circunferencia no tiene que superar los 70 cm y no puede ser inferior a los 68. Hasta 1995-96 el límite estaba en un centímetro más: 71 y 68. Desde la temporada siguiente la FIFA (Federación Internacional de Fútbol Association), decidió reducir el volumen de los balones: fue uno de los cambios introducidos en un paquete de novedades técnicas y disciplinarias pensadas y aplicadas para hacer siempre más imprevisible, espectacular y correcto el juego del fútbol;

— también ha cambiado el peso máximo y mínimo entre el que debe estar el balón al principio del partido: 450 y 410 g, un margen más restringido respecto al anterior, que preveía 453 y 396 g. Es un cambio que viene de lejos: en los Mundiales de Argentina de 1978 se discutió la introducción de balones más ligeros, los famosos *Tango*, que no todos los jugadores apreciaron porque se consideraban más difíciles de controlar;

— no ha cambiado la presión que sigue entre 0,6 y 1,1 atmósferas, que es como decir de 600 a 1.100 g por centímetro cuadrado al nivel del mar.

Dos son los materiales utilizados para fabricar este tipo de balón: una

# LECCIONES DE FÚTBOL: EL CENTRO DEL CAMPO

capa de cuero recubierta por una de plástico que tiene una función protectora, impidiendo que el agua y la tierra penetren en las costuras (fig. 22).

En un pasado ya lejano, cuando los fragmentos de cuero que componían el balón eran 12 en lugar de 32, las gruesas tiras que unían las amplias junturas podían herir a algún jugador si cabeceaba (fig. 23).

Los actuales revestimientos tienen una función protectora. La única interrupción en la homogeneidad de la superficie es un pequeño orificio en el que está insertada la válvula para hinchar y deshinchar el balón, enroscada a una bomba o con la pistola de un compresor.

El color predominante de los balones reglamentarios es el blanco, impreso con figuras geométricas o de fantasía de tinta negra (aunque no necesariamente). La excepción es el balón rojo fosforescente, utili-

zado en el caso de terreno cubierto de nieve o cuando hay niebla, dos situaciones en las que el balón blanco no sería suficientemente visible.

Todo balón debe tener el sello de calidad de la FIFA, identificable sobre la superficie del balón a través de cualquiera de estas marcas:

— el logotipo oficial *FIFA approved* («aprobado por la FIFA»);
— el otro logotipo oficial *FIFA inspected* («controlado por la FIFA»);
— la expresión *International matchball standard* («balón oficial de competición internacional»).

Las reglas son menos severas para la categoría benjamín (de 8 a 9 años de edad), en la que se permite la utilización de balones de goma, con tal de que no pesen más de 350 g y la circunferencia no supere los 60 cm.

LA APROXIMACIÓN AL BALÓN: COORDINACIÓN Y SENSIBILIDAD

Para desarrollar la seguridad con el balón y perfeccionar la técnica no hay que limitarse a los tradicionales entrenamientos individuales y de equipo basados en movimientos del balón. Estos tienen que estar respaldados por una actividad específica para mejorar la coordinación de los movimientos y la sensibilidad corporal, gracias a la cual el jugador es capaz, en cada momento, de establecer sin un control visual la posición exacta de las articulaciones. Es como decir que es consciente de las sensaciones exactas que proceden de su propio cuerpo.

Así se puede adquirir una buena capacidad motriz, es decir, la posibilidad de afrontar las distintas situaciones del juego con desenvoltura y presteza, requisitos imprescindibles para un perfecto control del balón.

El grado de dificultad de los ejercicios habrá que adecuarlo a la capacidad técnica alcanzada por el jugador, encauzado principalmente hacia los siguientes factores psicomotrices:

— la coordinación dinámica general y el equilibrio;
— la coordinación ojo-mano;
— la lateralidad.

Coordinación dinámica general y equilibrio

Es la capacidad para efectuar adecuadamente los movimientos, de modo que los grupos musculares que se utilizan respondan en sintonía. En el fútbol es necesario saber correr y saltar. Corriendo, sea cual sea el paso, el movimiento de piernas y brazos siempre tiene que ser suelto y el tronco debe estar inclinado hacia delante, pero sin desequilibrar nunca la estabilidad del cuerpo (figura 24).

Los pasos tienen que ser cortos y frecuentes, nunca largos ni realizados levantando demasiado las rodillas, puesto que de este modo se pierde adherencia al suelo. La figura 25 muestra un ejercicio válido para corregir una zancada demasiado amplia: es el *skip*, término técnico de origen inglés que indica pasos especiales en carrera efectuados sobre el sitio de forma coordinada. En la práctica es un ejercicio que se realiza hasta llegar casi a la exasperación y que mejora tanto la postura como la calidad del movimiento. Se puede realizar con un movimiento dinámico hacia delante («en transformación»), como se muestra en la figura 26.

 **LECCIONES DE FÚTBOL: EL CENTRO DEL CAMPO**

No se debe olvidar que el futbolista no es un *sprinter* que recorre la línea regular de una pista de atletismo de superficie homogénea. El futbolista se mueve sobre terrenos que pueden presentar asperezas y las botas con tacos no tienen el mismo agarre que las de clavos, ya que el juego impone continuos cambios de dirección, ralentizaciones, paradas y arranques. A menudo, hay que hacer dos cosas al mismo tiempo (correr y llevar el balón, correr y regatear, correr y golpear el balón, correr y saltar para darle de cabeza), por no hablar de las dificultades que puede provocar el contacto físico con el adversario.

En definitiva, distintas situaciones pueden entorpecer el equilibrio del jugador. Saltando a la cuerda, en el sitio y en movimiento, con un pie (fig. 27) o con los dos a la vez se

LA APROXIMACIÓN AL BALÓN: COORDINACIÓN Y SENSIBILIDAD

realiza uno de los ejercicios más completos, por cuanto favorece la coordinación y el equilibrio, además de estimular el tono muscular de los miembros articulados y la actividad cardíaca.

Coordinación oculomanual (ojo-mano)

La dinámica de los brazos se combina con la sensación visual y determina la orientación del recurso técnico. Es lo que sucede cuando el portero lanza el balón con las manos, con precisión y eficacia hacia un compañero, o bien cuando otro jugador lo pone en juego desde la línea lateral del campo (fig. 28). Hay que entrenarse lanzando el balón hacia un objetivo, a través de ejercicios individuales o en pareja (fig. 29).

Coordinación oculopedestre (ojo-pie)

En este caso la sensación visual se combina con la dinámica de las piernas, como sucede en la mayor parte de los recursos técnicos que debe utilizar continuamente un futbolista: controlar, tirar a puerta, pasar, regatear, rematar.

Lateralidad

Definida también como *lateralización*, la lateralidad indica el predominio motriz del costado derecho o del costado izquierdo del cuerpo sobre el otro.

Se sabe que desde los 6 hasta los 8 años se desarrolla un uso dominante de la mano derecha en lugar de la izquierda.

Si hablamos de lateralidad ocular entendemos que utilizamos un ojo más que el otro, por ejemplo cuando miramos a través de un catalejo, hacemos una foto o apuntamos para disparar.

Para entender enseguida cual es la pierna dominante, basta con subir un escalón, saltar un obstáculo después de una carrerilla o golpear el balón con fuerza.

En el fútbol, el jugador que sabe utilizar bien los dos pies está dotado de bilateralidad. Una capacidad que, además, se puede mejorar ejercitándose con lanzamientos y recepciones del balón (fig. 30), con juegos (controlando y golpeando con la pierna menos hábil) y con otras estrategias (correr con un solo pie, en competición con los demás compañeros, como se ve en las figuras 31 y 32).

30

LA APROXIMACIÓN AL BALÓN: COORDINACIÓN Y SENSIBILIDAD

LOS CAMPOS DE JUEGO

Los puristas fruncirán el ceño. ¿Qué significa *los* campos de juego? El verdadero campo de juego es sólo uno, el de once jugadores. Tranquilos, desde luego no seremos nosotros los que desafiemos la tradición. El de once sigue siendo el terreno por excelencia, al cual, como se entiende, hacemos referencia en todas nuestras instrucciones técnicas cuando nos dirigimos al equipo y no sólo al jugador.

Pero no sería honesto ignorar la evolución de una disciplina que también se practica con siete jugadores en campos más pequeños y que en los últimos veinte años ha conocido el auge de los torneos a cinco, disputados al aire libre, en hierba, en tierra batida, en cemento o en superficies sintéticas, pero también en gimnasios, allí donde se realizan otros deportes como el baloncesto, el balonvolea o el balonmano.

El fútbol también es extraordinario por esto: además de hablar todos los idiomas del mundo, además de gustar tanto a las mujeres como a los hombres, tiene un excepcional espíritu de adaptación, una rara virtud para una actividad en equipo.

Antes de pasar a la segunda parte de estas lecciones, dejémonos transportar a los lugares a los que nos lleva el balón. Las medidas exactas las da el reglamento.

El campo «de once»

Las figuras 33, 34 y 35 indican de modo elocuente las dimensiones que debe tener un rectángulo de juego y, asimismo, las de las porterías y los banderines. No tiene que ser más largo de 120 m ni menos de 90 m, ni más ancho de 90 m ni menos de 45 m. Para las competiciones internacionales se prevén márgenes de variación más estrechos: de 100 a 110 m de longitud, de 64 a 75 m de anchura.

El espacio de juego tiene que estar señalizado con líneas claramente identificables (normalmente de yeso, pero también con serrín en caso de lluvia, polvo de carbón u otro material visible en caso de nieve), de una anchura no inferior a 10 cm ni superior a 12 cm. Los lados más grandes que lo delimitan se llaman *líneas laterales*, y los más pequeños *líneas de portería*. En cada esquina del terreno hay que fijar un banderín amarillo sobre un mástil de una altura mínima de 1,5 m, y cuya extremidad superior

LOS CAMPOS DE JUEGO

33

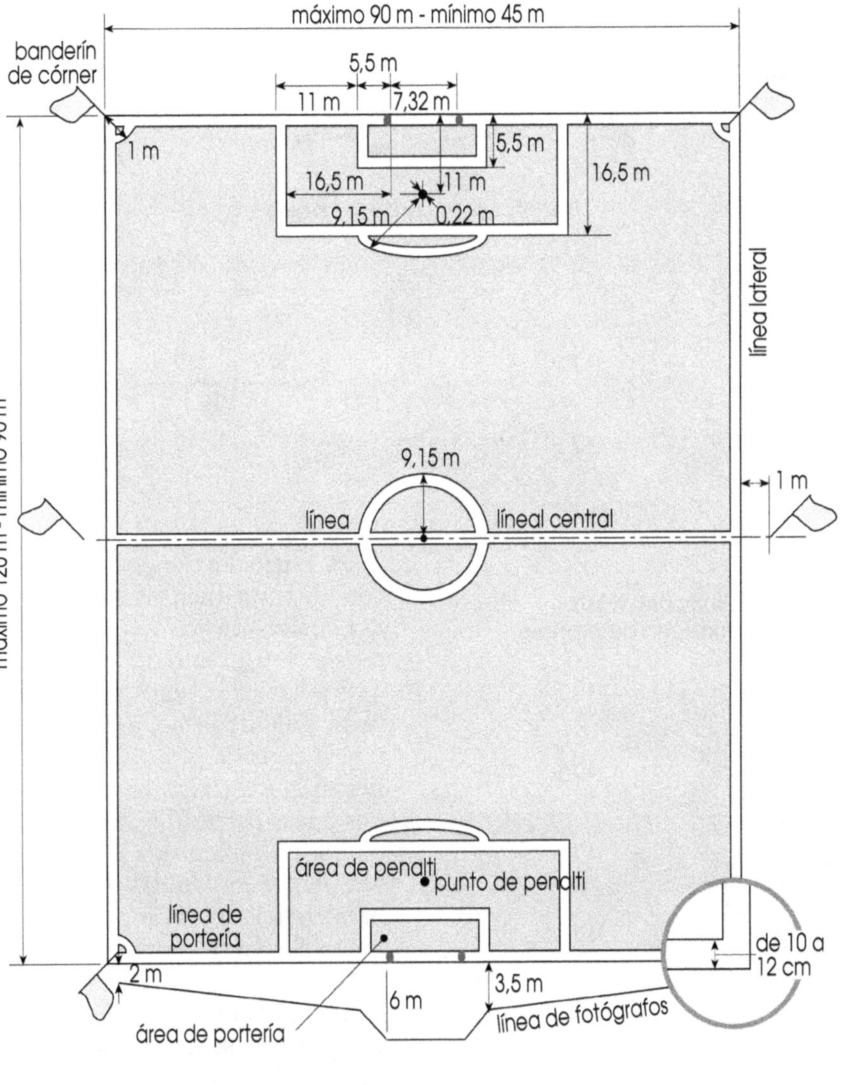

- máximo 90 m - mínimo 45 m
- banderín de córner
- 5,5 m
- 11 m
- 7,32 m
- 5,5 m
- 16,5 m
- 11 m
- 16,5 m
- 9,15 m
- 0,22 m
- 1 m
- línea lateral
- máximo 120 m - mínimo 90 m
- 9,15 m
- línea / líneal central
- 1 m
- área de penalti
- punto de penalti
- línea de portería
- de 10 a 12 cm
- 2 m
- 6 m
- 3,5 m
- área de portería
- línea de fotógrafos

LECCIONES DE FÚTBOL: EL CENTRO DEL CAMPO

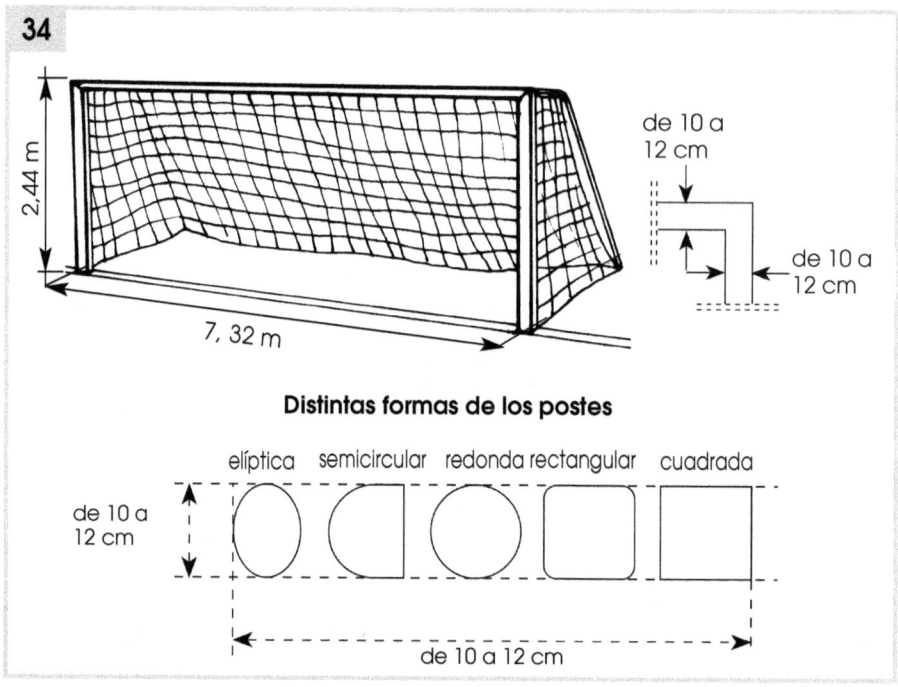

34

Distintas formas de los postes
elíptica   semicircular   redonda   rectangular   cuadrada

35 Altura del mástil del banderín de córner

no puede ser puntiaguda. En cada uno de los laterales se puede plantar un banderín del mismo tipo a 1 m de distancia de la línea, a la altura de la línea central que atraviesa el campo en toda su anchura.

El centro del campo está marcado con un punto bien visible, alrededor del cual está trazada una circunferencia de 9,15 m radio.

En las dos extremidades del rectángulo de juego, a 5,5 m de distancia de cada poste de la portería, tienen que trazarse, hacia el interior, dos líneas perpendiculares a la línea de portería y con una longitud, a su vez, de 5,5 m. Unidas por una línea paralela a la línea de portería, delimitan el área de portería.

Bastante más grande es el área de penalti, delimitada por dos líneas que también se dirigen hacia el interior desde cada extremidad y perpendicularmente a la línea de portería, pero a una distancia de 16,5 m de cada poste de la portería e, igualmente, con una longitud de 16,5 m. Lógicamente estas dos líneas tam-

LOS CAMPOS DE JUEGO

bién están unidas por una línea paralela a la de la portería. Dentro del área de penalti, a 11 m del centro de la línea de portería y en posición perpendicular a ella, está señalizado de forma bien visible el punto de penalti. Desde este hay que trazar, en el exterior del área de penalti, un arco de circunferencia con radio de 9,15 m. En el interior de cada uno de los cuatro vértices del terreno se sitúa el área de córner, delimitada por un cuarto de circunferencia con un radio de 1 m. Se permite una pendiente máxima del terreno que no supere el 0,5 % en la dirección de los ejes. Las porterías (hoy en día todas son de metal, la madera es una reliquia) están colocadas en el centro de cada línea de portería y están formadas por dos postes verticales, equidistantes de los banderines de córner y con una separación entre ellos de 7, 32 m, unidos en las extremidades superiores por un travesaño cuyo borde inferior está a una altura de 2,44 m del suelo. Firmemente anclados al terreno, los postes, al igual que el travesaño, no tienen un grosor de más de 12 cm; en general son de sección elíptica (pero también los hay semicirculares, redondos, rectangulares y cuadrados) y de color blanco. Las redes, sujetas a las porterías y tensadas por detrás de ellas, pueden ser de cáñamo, yute o nilón. El reglamento tolera, en las competiciones de cualquier categoría, que haya una diferencia de 2 cm en las medidas de las porterías, sea por exceso o por defecto.

Cuando se habla de campo de juego, no hay que entender únicamente el rectángulo interior a las líneas laterales y a las líneas de portería. También forma parte de él la zona de banda: es esa franja de terreno, de anchura no menor a 1,5 m, comprendida entre las líneas del perímetro y la zona de público o de protección del campo (una red, un foso, un muro o unos árboles). Esa zona está estrechamente relacionada con los acontecimientos del terreno de juego: pensemos en un futbolista que saca de banda o que marca un gol, en ambos casos el esférico supera la línea de portería y acaba en ese trozo de campo que acaba en el fondo de la red.

El campo «de siete»

Aun manteniendo las proporciones, y algunas medidas, del campo «de once», tiene una longitud que va desde un mínimo de 46 m a un máximo de 60 m, y una anchura que puede variar entre 25 y 40 m (teniendo en cuenta las dimensiones establecidas no sólo por la Federación de Fútbol, sino también por otras entidades de promoción deportiva muy difundidas). La profundidad del área de penalti se puede reducir hasta los 10 m, pero se tiende a mantener el punto de penalti a 11 m de la línea de portería, si bien está permitida también una distancia de 8 m. La amplitud de las porterías puede reducirse hasta los 6 m de anchura y los 2 m de altura. Se habla de campo «de siete» porque, en relación con estas dimensiones, es el número más frecuente de jugadores por equipo, pero los torneos federativos de categoría alevín prevén también en este tipo de terreno la variante de equipos de 6 y de 9 jugadores.

LECCIONES DE FÚTBOL: EL CENTRO DEL CAMPO

El campo «de cinco»

Cuando se trata de torneos de cinco jugadores, se habla, de fútbol sala. El fútbol sala es un deporte que, más que identificarse con el fútbol, deriva de él: se basa en los mismos principios técnicos pero se rige por un reglamento diferente. El rectángulo de juego (fig. 36) debe estar libre de asperezas. La longitud máxima es de 42 m, la mínima de 25 m (aunque en los partidos internacionales puede llegar a 38 m). La anchura varía entre 15 y 25 m (18 y 22 m en los encuentros internacionales). Las líneas no deben superar los 8 cm de anchura. La circunferencia del centro del campo tiene un radio de 3 m. El área de penalti está delimitada por dos cuartos de circunferencia, que tienen el centro en cada poste y un radio de 6 m, unidos por una línea recta de 3 m. El punto de penalti está a 6 m del centro de la línea de portería. Perpendicularmente a la línea lateral, en el lado en el que están situados los banquillos, están trazadas dos líneas equidistantes de 80 cm de largo (36 cm en el interior de la superficie de juego, 8 cm sobre la línea lateral y 36 cm en el exterior) y situadas a 3 m de la línea central. Cuando se produce una sustitución el jugador que sale y el que entra deben atravesar la línea lateral por el tramo comprendido entre las dos líneas de 80 cm.

Las porterías tienen 3 m de ancho y 2 m de alto. Los postes y el travesaño tienen un espesor de 8 cm, y están pintados de blanco, blanco y rojo o blanco y negro, con tal de que contrasten con el ambiente y la superficie del campo. La zona de banda debe tener una anchura mínima de un metro.

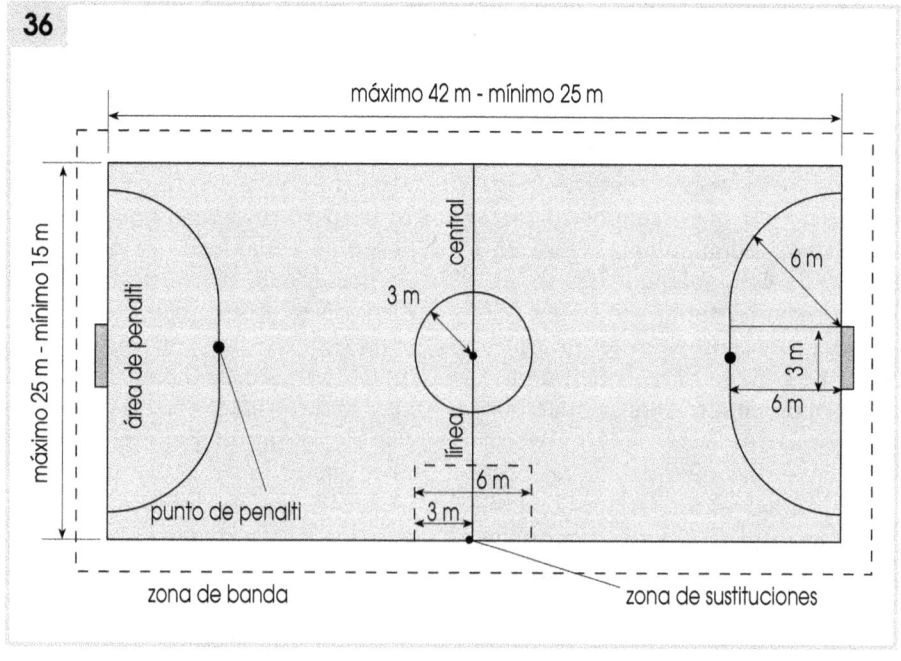

CÓMO COMPORTARSE EN CONDICIONES ADVERSAS

Partiendo del supuesto de que el terreno perfecto no existe y de que las condiciones atmosféricas, como es obvio, cambian con las estaciones y en función de los caprichos del cielo, nos limitaremos a tomar en consideración las situaciones climáticas y meteorológicas perjudiciales para el control del balón.

Está claro que si, independientemente del tiempo, la superficie del campo y la consistencia de la capa de hierba son tan irregulares que causan botes extraños, el jugador tendrá que preocuparse más de lo habitual en mirar el balón y no podrá mantener siempre la cabeza alta, como debería hacer en condiciones normales. En terrenos de tierra batida y en los de césped artificial, el bote y la velocidad del balón se acentúan.

Las incomodidades son aún más importantes cuando la superficie está pesada o helada o cuando sopla el viento.

Terreno pesado

Un campo de fútbol se pone en este estado cuando está muy mojado por la lluvia. El balón se vuelve más pesado y tiende a salir despedido sobre la hierba viscosa. Debido a que se vuelve más difícil de controlar, hay que ser preciso en las ejecuciones y en los pases, puesto que en el terreno embarrado el gasto de energías es mayor.

En este caso se desaconseja retroceder el balón al portero, a menos que sea inevitable. El balón, sobre todo cuando ha sido golpeado a ras de suelo, puede escaparse y favorecer al adversario que esté al acecho. Por este motivo se recomienda a los atacantes seguir atentamente el desarrollo de la acción si quieren estar a punto para aprovecharla. Por su parte, los defensas no deben actuar a la ligera sino que, para evitar un fallo ridículo, deben alejar el balón con decisión y fuerza, intentando siempre golpearlo con el interior, que es la manera más segura porque se ofrece al balón la parte del pie más ancha. Por otro lado, hay que tener cuidado con los charcos, porque frenan el balón. Lo mejor es evitar maniobras individuales y regates que puedan resultar excesivamente arriesgados y preocuparse de hacer lanzamientos parabólicos y bien medidos, nunca rectos.

Cuando tiramos a puerta golpeando raso, el balón, patina sobre

LECCIONES DE FÚTBOL: EL CENTRO DEL CAMPO

la hierba mojada, adquiere velocidad y resulta extremadamente difícil de interceptar.

Terreno helado

Frío intenso y nieve (obviamente la fina capa que se tolera) convierten la superficie en dura y peligrosa, no sólo para la estabilidad, sino también para la integridad física de los jugadores, que corren el riesgo de sufrir torceduras y distensiones, de herirse al caer o al jugar el balón deslizándose por el suelo y sufrir contusiones y traumatismos en el contacto con los adversarios. Hay que actuar como si la superficie estuviese mojada, si bien hay que estar todavía más alerta, ya que el hielo es extremadamente peligroso. En condiciones de agua o frío, los jugadores más corpulentos tienen ventaja respecto a los menos ágiles.

Viento

Es un fenómeno atmosférico más raro y las medidas que deben tomarse son las contrarias a las sugeridas en caso de lluvia y de hielo. En efecto hay que mantener el balón bajo porque de otro modo lo exponemos a las ráfagas de viento que desvían su trayectoria. Los pases en profundidad resultan aventurados porque es difícil imprimirle al balón la velocidad deseada, pues el viento a favor la aumenta y el que va en contra la disminuye. La ventaja de jugar con el viento a favor es la de poder engañar al portero en los tiros a portería desde lejos. Todo esto hay que tenerlo en cuenta desde el sorteo del campo. Hay quien prefiere jugar a favor del viento en la primera parte para sorprender al adversario cuando las fuerzas aún están frescas y quien, por el contrario, opta por situarse primero en contra del viento y tenerlo a favor en la segunda parte, cuando aumenta el cansancio.

Decisiones del árbitro

Cuando las malas condiciones climatológicas, incluida la niebla que impide ver de portería a portería, sobrepasan los límites aceptables o hacen impracticable el terreno de juego (por ejemplo, cuando el balón no bota sobre el campo inundado) el árbitro puede decidir la suspensión del partido. Su resolución es irrevocable.

Las normas federativas advierten que la confirmación oficial del estado del campo debe realizarse en presencia de los capitanes de los dos equipos a la hora fijada para el inicio del partido. Sólo en el caso en que las malas condiciones del campo se consideren irremediables y siempre que estén presentes los dos capitanes, el árbitro puede proceder a aplazar el partido antes de la hora de inicio, sin haber identificado antes a los jugadores de los equipos. A propósito de aplazamientos, interrupciones o suspensiones de los encuentros, existen otros dos casos que no hay que olvidar, aunque no dependen de la impracticabilidad del terreno, como son la insuficiente iluminación cuando se juega por la noche y la invasión del campo por parte de los aficionados.

Segunda parte
TÉCNICA, TÁCTICA Y FUNCIONES DE LOS CENTROCAMPISTAS

EL MOTOR DEL JUEGO DEL EQUIPO

El centrocampista es el alma del equipo, el eslabón entre defensa y ataque, el hombre que resulta determinante a lo largo de todo el encuentro. Naturalmente, cada demarcación tiene unas responsabilidades tácticas que condicionan e influyen en el desarrollo del partido, pero en la mayoría de ocasiones la suerte del encuentro se acaba decidiendo en el centro del campo. En efecto, a los centrocampistas se les asigna la misión de frenar y destruir el juego del equipo adversario y, al mismo tiempo, nada más y nada menos que proponer ideas para desarrollar el juego de los compañeros de ataque y mantener el orden dentro del equipo. Por lo tanto, tanto en acciones defensivas o como en acciones ofensivas, a los centrocampistas se les pide que mantengan el equipo unido y ordenado mediante una *visión de juego* que es propia de su demarcación, con un estilo inconfundible: balón pegado al pie y cabeza alta para observar los movimientos de los compañeros y de los adversarios (figura 37).

Saber cuales deben ser la distancias correctas entre las líneas y entre los jugadores; aprovechar todas las

EL MOTOR DEL JUEGO DEL EQUIPO

zonas del campo y determinar los cambios de ritmo en el juego del equipo: estas son las principales misiones de los jugadores que se mueven en el centro del campo.

Desde este punto de vista, el centrocampista asume casi siempre el papel de «entrenador dentro del propio campo», es decir se convierte en el jugador en el cual se delega la función de decidir lo que deberán hacer los compañeros en ataque o en defensa.

En la figura 38, se observa el pase que ha salido de las botas del centrocampista, después de decidir dónde enviar y a quién entregar el balón.

Inteligencia táctica, imaginación, cualidades físicas de resistencia al cansancio, capacidad atlética y mental e inteligencia son las cualidades que se exigen para desempeñar las distintas funciones en el centro del campo.

Hay que destacar, además, que en el fútbol moderno se valora cada vez más a los centrocampistas capaces de llegar al marco rival con la misma facilidad que los atacantes. Al centrocampista moderno se le pide que se convierta en un jugador decisivo, que actúe como un protagonista *espectacular* del encuentro, en mayor medida que al atacante. No es casual que en los últimos años algunos centrocampistas con marcadas cualidades ofensivas hayan resultado más peligrosos y más prolíficos de cara a puerta, es decir han marcado mayor número de goles, que los propios atacantes.

Seguidamente a los centrocampistas también se les requiere para que cubran a la defensa, intentando contener o cortar la construcción del juego del equipo contrario, para reanudar en la siguiente jugada las acciones ofensivas capaces de crear ocasiones de gol. De este modo los centrocampistas permiten que la defensa esté mejor colocada para poder marcar a los puntas

del equipo contrario y cubrir así los espacios en donde se realizará la acción. En esta fase del juego los centrocampistas deben preocuparse de reducir al máximo el espacio entre líneas para lograr un *equipo corto*, compacto, capaz de defender con todos sus jugadores.

En cambio, cuando el equipo está nuevamente en posesión del balón, la misión de los centrocampistas es fundamentalmente constructiva.

Los centrocampistas se adueñan de las zonas del campo por las que se desplaza el balón, lo controlan y lo juegan con los compañeros, dictando el ritmo de la acción, y por fin lo pasan a los puntas que deberán finalizar el ataque. Es un mecanismo complejo pero de realización automática, fruto del trabajo y la constancia en el entrenamiento. En esta fase es cuando se desarrolla la táctica de juego que el equipo deberá poner en práctica.

En definitiva, los hombres del centro del campo constituyen el eje de las maniobras y, a la vez, el brazo ejecutor de la táctica dictada por el entrenador. A su vez, el entrenador, para poder desarrollar el juego que tiene previsto, determinará la disposición de los jugadores en el terreno de juego a partir de la zona del centro del campo.

En la fase de construcción del juego los centrocampistas desarrollan diferentes misiones, aunque todas resultan finalmente muy unidas en la elaboración de las jugadas.

Por norma general, tendremos:

1. Un centrocampista de recuperación del balón, es decir capaz de interceptar los movimientos del equipo contrario y de ceder el balón

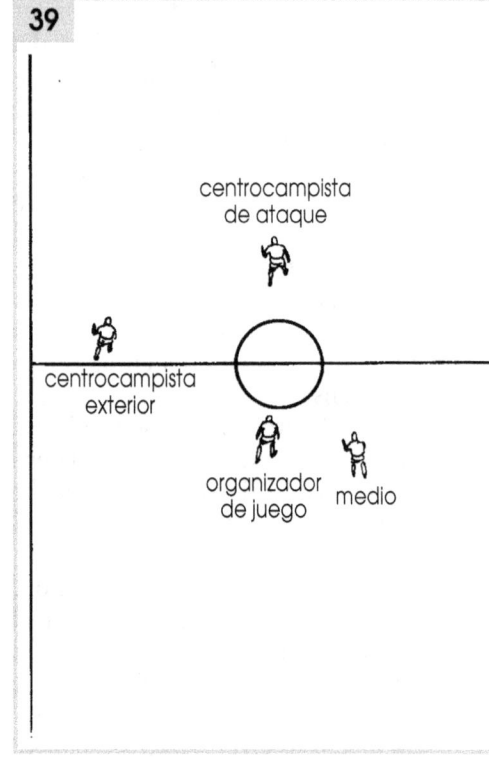

al compañero de línea que se encuentre en mejores condiciones para la construcción de una nueva jugada.

2. Un centrocampista que actúa como organizador, es decir que dicta los tiempos y los movimientos a los compañeros y envía el balón a las zonas del campo en donde otros jugadores del equipo proseguirán la acción.

3. Un centrocampista capaz de llegar hasta el área de castigo contraria y, si es necesario, de disparar a puerta con la misma habilidad y acierto que un delantero.

A estas funciones clásicas se añaden otras tareas (en la figura 39, se observa una de las disposiciones

EL MOTOR DEL JUEGO DEL EQUIPO

más clásicas del centro del campo: un medio de cobertura, un organizador de juego en el centro del campo, un centrocampista abierto y otro dispuesto para poder incorporarse al ataque) derivadas del desarrollo táctico del juego y de las órdenes de los entrenadores. Así, se puede tener un centro del campo formado por tres, cuatro o cinco elementos, todos ellos capaces de construir, de cortar las acciones de los adversarios, recuperar y subir al ataque para concluir la jugada. En este sentido, el juego del centrocampista es completo a todos los niveles, tanto táctico como técnico.

En la figura 40, dos centrocampistas se disponen a reorganizar el ataque desde la propia área.

El centrocampista, además, ha de tener un toque de balón superior al que tienen la mayoría de los jugadores, una capacidad física superior a la de los demás compañeros, un sentido de la colocación determinante para la suerte de su equipo, y, además, tiene que

40

LECCIONES DE FÚTBOL: EL CENTRO DEL CAMPO

saber conducir a sus compañeros en el ataque y en la defensa, según el desarrollo del encuentro.

Un buen atacante aparece también en virtud de que los centrocampistas saben cómo y cuándo darle un buen pase que propicie una ocasión de gol.

Existen grandes defensores también porque los centrocampistas del equipo han sabido colocarse para proteger su zona en la retaguardia, permitiéndoles ganar la posición y marcar con soltura, rapidez y eficacia al atacante contrario.

El papel del centrocampista es completo y fundamental porque interviene en todo momento en el desarrollo del partido y decide cómo y dónde deben situarse sus compañeros en el campo. Difícilmente un equipo puede funcionar con fluidez si el balón no pasa por los pies de los centrocampistas.

CUALIDADES DEL CENTROCAMPISTA Y ESPECIALIZACIONES

¿Qué se necesita para ser un buen jugador del centro del campo? ¿Qué cualidades debe tener un futbolista que decide jugar en el centro del campo, al servicio tanto de la defensa como y del ataque de su equipo? ¿Cuándo resulta decisiva su presencia para el desenlace del partido? Estas son las preguntas que deben plantearse el joven futbolista y el entrenador que sigue su carrera para determinar las cualidades que debe desarrollar para llegar a ser un buen centrocampista.

Para responder a estas preguntas, primordiales para el futuro del joven futbolista, deben valorarse todas las cualidades naturales que tiene como atleta, para determinar en que zona del campo podrá aprovecharlas mejor y ser útil al resto del equipo.

No hay en la actualidad, ni ha habido nunca, ningún centrocampista capaz por sí solo de poder encargarse de desarrollar todas las tareas que le corresponden, debido precisamente a la complejidad de la demarcación, que comporta una infinidad de aspectos y de especializaciones.

En la historia del fútbol hemos visto porteros que, gracias a sus intervenciones, han resultado determinantes para su equipo, atacantes capaces de resolver individualmente el partido en cualquier momento, en una sola jugada, incluso cuando el juego de conjunto ha sido poco brillante.

Es muy difícil, por no decir imposible, sin embargo, imaginar un centrocampista que por sí solo pueda ser capaz de contener el juego de ataque del equipo contrario, de recuperar balones, de actuar como organizador para desarrollar el juego de su equipo, de subir al ataque y, a la vez, de ser determinante en el resultado. Es cierto que ha habido casos célebres de jugadores centrocampistas con suficiente talento como para convertirse en los verdaderos protagonistas del equipo, pero no se puede olvidar que sin la contribución de los compañeros, aquellos *monstruos sagrados* no hubieran podido lograr tantos éxitos.

Diego Armando Maradona, por ejemplo, ha sido un centrocampista atacante, capaz de volver locos a los centrocampistas y a los defensores del equipo contrario, pero sin un buen medio (véase página 48) que luchara, corriera y le cubriera,

 **LECCIONES DE FÚTBOL: EL CENTRO DEL CAMPO**

Maradona no hubiera podido brillar. Pelé ha sido el jugador más completo en términos absolutos; sería injusto definirlo solamente como un jugador de medio campo, pero también es cierto que a su lado necesitaba mediocampistas capaces de desempeñar numerosas tareas imprescindibles para el buen desarrollo de la jugada, preparada para acabar a los pies de la Perla Negra del fútbol brasileño. Michel Platini, otro de los grandes, un centrocampista de gran polivalencia, no habría podido cosechar tanta gloria para el Juventus, el equipo de Turín, sin el trabajo más oscuro de otros jugadores encargados de desempeñar las funciones que él nunca hubiera podido llevar a cabo. Alfredo Di Stefano, el mítico jugador del Real Madrid de los años cincuenta y sesenta, que muchos consideran mejor que Pelé, en realidad nació como delantero centro y, a lo largo de su carrera, desplazó su radio de acción de la defensa contraria al medio campo propio, aunque siempre de acuerdo con otros centrocampistas encargados de la organización del juego.

Por lo tanto, podemos afirmar que un medio, si bien es el hombre más importante del equipo, lo es, y consigue desarrollar con éxito sus funciones, en la medida en que los otros jugadores del centro del campo, con funciones diferenciadas, son capaces de ayudarle.

En la figura 41, puede observarse a Alessandro Del Piero, uno de los mejores centrocampistas atacantes que hay actualmente en el fútbol internacional.

El medio defensivo

Una de las demarcaciones fundamentales en el desarrollo del trabajo del equipo es la de medio defensivo. Consiste en una función muy concreta e importante para el éxito del equipo, ya que la misión de este jugador es cortar las acciones del equipo contrario, robar al rival que tiene enfrente todos los balones que pueda y pasarlos a otros compañeros de su propio equipo. Todo esto debe realizarlo casi siempre con mucha rapidez; el medio defensivo no puede en ningún caso jugar parado o de forma excesivamente parsimoniosa y lenta, sino que, al contrario, debe intervenir con la máxima rapidez y ceder el balón al compañero más cercano.

Es un trabajo oscuro, a veces hasta olvidado, en el análisis del juego: generalmente se suelen recordar las

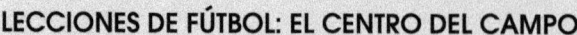
41

CUALIDADES DEL CENTROCAMPISTA Y ESPECIALIZACIONES

jugadas más espectaculares y decisivas, mientras el medio se ve obligado a realizar una labor bastante menos vistosa, pero que resulta de gran rentabilidad para el equipo. A menudo en las proximidades de la línea defensiva propia, es el último hombre del centro del campo capaz de contener el avance del equipo contrario, por ello corre para cortar la acción del atacante que está en posesión del balón. A menudo, también se encarga del marcaje del organizador de juego del equipo rival, para evitar su trabajo de creación.

En la figura 42, se observa una acción típica del medio defensivo (con camiseta blanca), que esta preparado para interrumpir la acción del centrocampista contrario, entrándole si es necesario (figura 43, jugador con camiseta oscura).

LECCIONES DE FÚTBOL: EL CENTRO DEL CAMPO

Se le pide que presione y entre al contrario, que lo obstaculice en su avance, que lo marque y, por fin, que recupere también el balón.

Una tarea que resulta compleja y frecuentemente decisiva. Si un buen medio defensivo está acertado en su misión hace imposible el juego del equipo contrario en el centro del campo y ofrece a su equipo la posibilidad de jugar más balones que los adversarios.

Muchas veces, el medio defensivo se sitúa cerca del organizador de juego cubriendo su área de influencia cuando este juega la pelota, ayudándolo en las recuperaciones y también en la cobertura de la zona defensiva, cuando este ejerce funciones de ataque.

Garra, rapidez y coraje son las cualidades más idóneas para esta demarcación.

Al talento natural de todo jugador que actúe en el centro del campo —además, lógicamente, de dominar a la perfección la técnica de base— se han de añadir en este caso otras cualidades: el jugador que desempeña esta función se convierte en un peón del centro del campo, y frecuentemente está menos dotado técnicamente que sus otros compañeros de línea.

No hace falta llegar a ser un mago del balón para ser un gran centro-

44

campista, pero es útil mejorar continuamente la técnica individual, con vistas a futuros encuentros contra equipos cuyos centrocampistas puedan tener una mayor calidad técnica. Fondo, velocidad, habilidad en defensa tanto en el marcaje como en las entradas, sentido de la colocación y capacidad para dar fluidez a la acción mediante pases rápidos al compañero que se encuentre desmarcado, son las cualidades que requiere este tipo de centrocampista.

En la figura 44, puede verse a Didier Deschamps, medio del Juventus y de la selección francesa, campeona del mundo en 1998. Es brillante interceptando balones, pero también sabe actuar como un verdadero organizador de juego retrasado para iniciar las jugadas.

CUALIDADES DEL CENTROCAMPISTA Y ESPECIALIZACIONES

45

El organizador de juego

Es el centrocampista por antonomasia, el que se encarga de organizar tácticamente el juego colectivo, la referencia, la luz que ilumina el partido, en definitiva, tomando prestado un término del cine y del teatro, es el director.

Este jugador se encarga de dirigir el equipo de manera que la acción pueda ser decisiva, y, por lo tanto, su papel es determinante. El organizador de juego debe mantener la mente lúcida en todos los momentos del partido, debe ser capaz de crear acciones espectaculares que resulten decisivas para el desenlace final. Es decir debe ser capaz de decantar el partido.

En la figura 45, el distribuidor de juego busca con la mirada el momento más oportuno para realizar un pase en profundidad, mientras conduce el balón con elegancia sin necesidad de mirarlo permanentemente.

Ha de saber jugar sin balón, tener buen sentido de la posición y un buen toque con los dos pies; además ha de tener imaginación, visión al entregar el balón y en todas las intervenciones, buen temple y sentido del juego colectivo.

Todas estas cualidades son difíciles de reunir: en pocos casos son espontáneas en el joven y por ello han de trabajarse con el entrenamiento.

El organizador de juego es el hombre al que todo el equipo mira cuando se elabora la acción de ataque, y es a él a quien se envía el balón, si es posible, para que lleve esa tarea a cabo.

# LECCIONES DE FÚTBOL: EL CENTRO DEL CAMPO

Cuando el organizador lleva el balón, el equipo se distribuye en todas las zonas del campo, es decir que cada jugador sabe qué posición le corresponde para esperar el pase.

Este jugador no es quien marca goles generalmente, aunque se le exige que sea un jugador completo, que no se limite a construir el juego, sino que también posea un buen disparo y que asuma la responsabilidad durante el encuentro.

El sentido de la posición, la capacidad de concentración y la tranquilidad con la que pone en práctica la táctica convierten a este centrocampista en un entrenador dentro del propio terreno de juego, que se encarga de hacer efectivo todo lo que el técnico ha trabajado durante la semana. Pero, sobre todo, ha de saber crear la jugada que con la que se pueda superar a la defensa contraria.

En la figura 46, se observa el momento del pase, que es fundamental para el buen desarrollo de la acción. En este caso el jugador ha optado por un centro, un gesto técnico que requiere fuerza y precisión.

La lista de jugadores que a lo largo de la historia han desempeñado esta función es larguísima, pero en la historia reciente destaca sin lugar a dudas el brasileño Paulo Roberto Falçao, quizá el organizador de juego más completo de los últimos veinte años. Rápido y seguro, técnico, con carisma delante de los compañeros de juego, duro y peleón cuando las circunstancias lo requieran, buen realizador cuando los atacantes no encontraban el camino del gol, capaz de defender gracias a su extraordinaria condición física y de subir inmediatamente a su posición.

Falçao ha sido el prototipo ideal de organizador de juego, aunque en los últimos años la evolución de las tácticas han tendido a restar trascendencia a esta función.

El fútbol moderno es cada día más rápido, más dinámico y, a la vez, se basa cada vez más en la potencia muscular antes que en la habilidad técnica, situación que ha repercutido en el trabajo de la figura del organizador de juego. A pesar de ello, en el juego de equipo sigue siendo

46

CUALIDADES DEL CENTROCAMPISTA Y ESPECIALIZACIONES

EL CENTROCAMPISTA DE APOYO

En el juego del centro de campo es importante también la figura del centrocampista de apoyo. Se trata de un jugador capaz de llevar el balón sin interrupciones y de secundar al organizador de juego en todas las acciones de construcción. Es un jugador especial, que con el paso del tiempo y la evolución de las tácticas, ha pasado de ser centrocampista de apoyo a convertirse en el verdadero *alter ego* del organizador de juego.

Efectivamente, el organizador de juego no siempre tiene la posibilidad de iniciar la jugada, y entonces aparece otro centrocampista, quizá menos técnico, pero con mucha entidad, que se encarga de esta función: entrar al adversario, recuperar y distribuir el balón, no necesariamente desde la posición de medio defensivo.

Mientras este último suele jugar por las bandas, el centrocampista de apoyo tiene las mismas características pero jugando por la zona central del campo, dispuesto a ayudar al organizador de juego o a tomar personalmente la responsabilidad de iniciar una nueva acción de ataque.

En el fútbol moderno, caracterizado por el intercambio de funciones, el organizador de juego y el centrocampista de apoyo en muchos casos coinciden. Sin embargo, la necesidad de disponer de un hombre más en el centro del campo hace que muchos equipos recurran frecuentemente a este tipo de jugador.

En la figura 47, se observa una actitud típica del centrocampista: sube el balón bien llevado con los pies sin mirarlo, mientras controla con la vista los desplazamientos de los compañeros.

47

básica la figura de un hombre que ordene el juego y que controle el ritmo según las necesidades del equipo.

Las cualidades que debe exhibir el jugador que ocupa esta demarcación son: buen lanzamiento a larga distancia, capacidad de cortar el campo en diagonal, imaginación y buenos fundamentos técnicos. Además, actualmente también se le exige que efectúe pases rápidos, sin retener demasiado tiempo el balón en los pies.

Para desempeñar esta función se requiere tener además una gran visión de juego y capacidad para

LECCIONES DE FÚTBOL: EL CENTRO DEL CAMPO

desarrollar la acción con gran rapidez. Todo ello supone tener unos fundamentos excelentes, que le permitan realizar pases de hasta 40 metros, sin obligar al compañero que recibe el balón a efectuar movimientos difíciles. El organizador de juego que falla un pase pone en dificultades a todo el equipo, porque los adversarios ganan terreno con rapidez obligando a los compañeros a retrasar las posiciones rápidamente. Por lo tanto, su responsabilidad es máxima.

El organizador de juego, que generalmente tiene una gran personalidad, ha de saber concretar en todos los movimientos y sobre todo debe saber que su rendimiento no depende tanto de la cantidad de balones tocados, como de la calidad de sus intervenciones.

El centrocampista exterior

En la figura 48, se muestra un ejemplo de triangulación entre un centrocampista exterior y el compañero más próximo, en este caso un medio.

En la figura 49, se ve a un centrocampista exterior avanza con el balón controlado, una de las tareas básicas para el jugador que desempeña este papel.

En la figura 50, se observa al centrocampista exterior que se abre hacia la banda y se dispone a recibir el pase del compañero de apoyo.

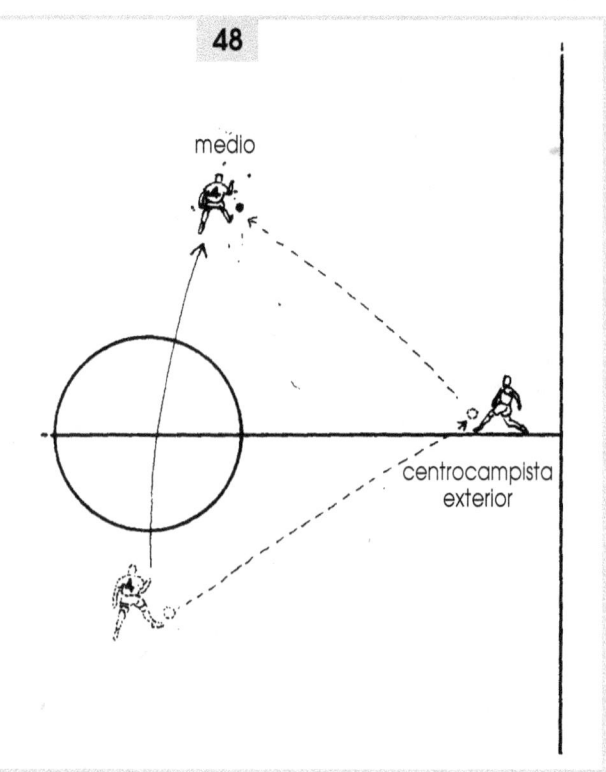

CUALIDADES DEL CENTROCAMPISTA Y ESPECIALIZACIONES

Esta es una de las demarcaciones que más han cambiado con el paso del tiempo, debido a la evolución de los planteamientos tácticos. El centrocampista exterior originalmente era un extremo, un extremo que bajaba hasta su campo, un jugador que aprovechaba al máximo la velocidad por la banda tanto en defensa como en ataque, para centrar (véase página 76) sobre el área contraria. Por esta razón el extremo realizaba largas posesiones de balón, para permitir que los compañeros recuperaran fuerzas o se colocaran en la mejor posición posible, y por esto precisamente, disponer de buena técnica de base era fundamental en esta posición.

EL MEDIO VOLANTE

En el fútbol moderno, el medio volante es otro de aquellos jugadores condenados a desaparecer. Su lugar está ocupado por un atacante cuyas características le permitan jugar también más alejado del área, protegido por los centrocampistas. El medio volante clásico, más técnico que veloz, con capacidad para introducirse entre la defensa contraria, pero sin acabar de definir de cara al marco, se ha ido transformando en un delantero más, a causa de la mayor velocidad que se imprime al juego moderno. Un centrocampista lento y estático, se convierte más en un estorbo que en una ayuda para el equipo, y tiende a ser sustituido por el media punta y por centrocampistas de mayor polivalencia que se incorporan al ataque o incluso por centrocampistas exteriores. El organizador de juego es quizás el único medio volante en el sentido clásico que todavía interviene en el centro del campo moderno, que cada vez más está formado por jugadores veloces y de fuerza física, trabajadores, con buen control de balón, y sobre todo con capacidad de cortar las acciones de los adversarios.

LECCIONES DE FÚTBOL: EL CENTRO DEL CAMPO

Actualmente este extremo ha sido sustituido por un centrocampista trabajador, con tareas predominantemente defensivas, capaz de correr y de subir el balón, de jugar el balón con los compañeros de línea y, si se presenta la ocasión, de chutar a portería.

Básicamente es un jugador que arranca del lateral para buscar inmediatamente al compañero de línea más próximo.

Asiste al organizador de juego en la elaboración de las jugadas y se desmarca para recibir pases rápidos y triangular.

El extremo clásico, es decir, rápido, técnico e imaginativo con el balón en los pies, tiende a desaparecer, y es sustituido por el centrocampista que actúa por la banda, un hombre que lleva el peso de los contraataques (véase página 96), gracias a unas condiciones físicas que le permiten soportar marcajes duros.

El centrocampista exterior se encarga en defensa de cerrar los espacios laterales que puedan propiciar centros del equipo contrario y cuando se inicia el ataque tiene que estar preparado para recibir el balón. En su progresión tiene que apoyarse siempre en otro compañero, para no quedarse a expensas de la defensa contraria.

El media punta

Es una de las figuras más controvertidas del fútbol moderno, que genera no pocas discusiones acerca de su utilización y su utilidad: ¿es un delantero más o un centrocampista más? Muchos entrenadores prescinden de este tipo de jugador, y prefieren otro más identificable esquemáticamente, con características de marcador o bien de centrocampista con capacidad de crear juego.

En la figura 51, se ve como el media punta que viste camiseta clara está atento al posible error de los jugadores de la defensa contraria, en el momento de sacar el balón.

El media punta (el nombre deriva de la zona por la que se mueve,

CUALIDADES DEL CENTROCAMPISTA Y ESPECIALIZACIONES

52

entre el centro del campo y el ataque), tiende a ser utilizado por los equipos que practican un juego ofensivo e imaginativo. El media punta realiza una parte de las funciones de aquel medio volante clásico que está en vías de desaparición: inventiva, exquisitez técnica y capacidad de definición cuando los delanteros no logran desmarcarse y el área rival está colapsada por la acumulación de jugadores.

Las características de este tipo de jugador son un buen tiro desde lejos y habilidad en el *dribbling* corto dentro del área. En cambio, no es un jugador al que se le exija una participación continua en el juego, sino que sepa intervenir en el momento oportuno de cara al área contraria.

Desde el punto de vista de los defensas del equipo contrario, es difícil de marcar un jugador de estas características porque no siempre participa directamente en la jugada, pero por otro lado tampoco se le puede dejar libre de marca, porque podría sumarse al ataque como un delantero puro.

Muchos medias puntas juegan por líneas horizontales en la mitad del campo contrario, marcando al jugador que sube el balón o haciendo *pressing* (véase página 88) conjuntamente con los otros compañeros de línea.

En las acciones ofensivas el media punta busca el pase corto con los delanteros y la asistencia de gol (véase página 80).

En la figura 52, un aspecto típico del entrenamiento del media punta, que ha de ser capaz de disparar a puerta, desde fuera del área, con la misma precisión que un delantero.

A la hora de defender, raramente baja por detrás de la línea de medio campo: cuando su equipo está defendiendo, el media punta se coloca en una zona en donde pueda recibir un rechace o un pase largo. Cuando esta jugada se produce su misión consiste en controlar el

LECCIONES DE FÚTBOL: EL CENTRO DEL CAMPO

balón esperando que sus compañeros se incorporen al ataque.

El «número 10»

La evolución táctica que ha experimentado el fútbol, ha hecho que la figura del media punta coincida muy a menudo con el jugador que lleva el dorsal número 10 (a pesar de que hoy en día, con las plantillas de 25 y 30 jugadores, la numeración clásica se ha abandonado en muchos casos); el número de muchos jugadores míticos que tiempo atrás correspondía por tradición al jugador más técnico, al cerebro del equipo capaz de decidir un encuentro con una jugada determinante, con un *dribbling*. El «10» actual mantiene inalteradas estas características, pero añadiendo a su repertorio un mayor sentido de gol, una capacidad para intuirlo similar a la de un delantero.

En el curso de los años, con el incremento de la velocidad en el juego, las innovaciones tácticas y los tres puntos por victoria (que hasta hace unas temporadas eran dos), el juego ofensivo ha ganado en importancia, y un «10» con clase, capaz de realizar jugadas increíbles, se convierte en un jugador de más para el propio equipo y en una continua amenaza para los adversarios.

En la figura 53, se puede ver al jugador Zinedine Zidane, jugador del equipo turinés del Juventus y de la selección francesa campeona del mundo: un auténtico «10» que aporta grandes cosas al equipo.

En Italia, en los últimos años se han visto en acción jugadores como Roberto Baggio, Gianfranco Zola, Alessandro Del Piero, Francesco Totti, todos ellos grandes jugadores con la técnica de un centrocampista y el olfato de gol propio del delantero. Sin lugar a dudas, estamos hablando de auténticas *individualidades*, capaces de jugar en el centro del campo con la clase propia de los mejores organizadores de juego, pero interviniendo más activamente en el juego en el límite del área de castigo, y con el olfato de gol del delantero puro. En este sentido, Michel Platini ha sido el nexo de unión entre el organizador de juego clásico y este tipo de jugador moderno: un centrocampista puro, pero con cualidades de goleador, es decir

53

CUALIDADES DEL CENTROCAMPISTA Y ESPECIALIZACIONES

un delantero centro, aunque sin el nueve en la camiseta.

Precisamente por esto, las discusiones tácticas sobre la utilización de este tipo de jugador son tema de actualidad. Según algún técnico, hoy en día el «10» no es ni un centrocampista con talento de cara gol, ni un delantero que arranca desde lejos, sino una especie de «nueve y medio», casi un excedente para la economía del juego de equipo.

En realidad, a lo largo de los años se ha comprobado que el «10» se convertido en una pieza cada vez más fundamental en los esquemas del equipo. Por un lado actúa como un organizador retrasado, controlando el balón dentro de su mitad de campo, y por otro se convierte en un centrocampista de talante claramente ofensivo, un cóctel difícil de marcar por los adversarios.

TÉCNICA Y TÁCTICA DEL CENTROCAMPISTA MODERNO

Una de las cualidades fundamentales del centrocampista es la superioridad técnica que tiene respeto a los otros jugadores, tanto defensores como delanteros.

Generalmente, el centrocampista no podría ocupar esta demarcación sin poseer cualidades técnicas superiores a las de sus compañeros. Estas características técnicas que permiten llegar a ser un buen centrocampista son: saber chutar con ambos pies, tener precisión en el lanzamiento y capacidad para dar pases largos. Esto no lo es todo, naturalmente, pero es la base para plantearse la posibilidad de que un joven jugador juegue en el centro del campo con éxito y perspectivas de futuro.

En la figura 54, el centrocampista realiza un pase en profundidad. Esta jugada bien realizada pondrá en situación ventajosa a su equipo.

Por lo tanto, para un buen centrocampista es fundamental realizar a diario ejercicios técnicos para mejorar con ambos pies y también para el resto del cuerpo. Pero adquirir la técnica no es suficiente para hacer de un jugador de fútbol un buen centrocampista. Lo que más cuenta es su especial generosidad que denominamos *sentido táctico*, es decir la habilidad para saber poner su nivel de técnica individual al servicio del equipo.

El centrocampista, ni tan siquiera el mejor dotado técnicamente, puede pensar en ser determinante para su equipo si olvida la regla esencial para jugar al fútbol: se trata de un

54

TÉCNICA Y TÁCTICA DEL CENTROCAMPISTA MODERNO

deporte de equipo y una de las reglas que hacen de este deporte el más apasionante del mundo es justamente la capacidad por parte de los jugadores de saber conjugar las ganas de brillar individualmente con las necesidades del equipo.

Los centrocampistas más importantes logran pasar a la historia del fútbol no sólo por su habilidad técnica, sino también y por encima de todo por cómo logran ser útiles a sus compañeros. Sin juego colectivo el equipo no existe y los adversarios lograrán imponerse fácilmente.

La figura del equipo puede ser un centrocampista, pero sus características de jugador desequilibrante deberán conjugarse con la capacidad de desarrollar un juego armónico, es decir un juego de equipo.

El centrocampista ha de saber tomar las riendas del equipo gracias a su mayor dominio técnico, que ha de poner siempre al servicio de sus compañeros. Para lograrlo, el centrocampista deberá dominar todos los movimientos técnicos a realizar con balón y además deberá conocer las características de los compañeros, para facilitarles la recepción de los pases.

Una de las bases importantes para convertirse en un buen centrocampista es la de ser consciente de que, tener demasiado tiempo el balón en los pies para buscar el aplauso, es siempre perjudicial para el desarrollo de la jugada.

LECCIONES DE FÚTBOL: EL CENTRO DEL CAMPO

En las figuras 55 y 56, se puede ver cómo se realiza una recepción con el pecho y un control con el pie, acciones que no deben faltar nunca en el repertorio de un buen centrocampista.

Los fundamentos técnicos individuales deben ponerse siempre a disposición del equipo, es decir dichos movimientos técnicos deberán servir para que se inicie una nueva acción de ataque.

Jugar sin balón

Una de las cualidades características del centrocampista es saber mover por el campo sin balón, es decir saber desmarcarse (escaparse del control de los adversarios), tener sentido de la jugada, y representar un punto de apoyo psicológico para los demás compañeros, para los cuales el centrocampista será un punto de referencia para una ayuda inmediata, capaz de dar continuidad a la acción y de mejorar sus aciertos.

Moverse sin balón significa seguir la acción y prever su desarrollo, para anticiparse y colocarse en la zona del campo más idónea.

El centrocampista que sabe moverse sin balón es el centrocampista altruista, que entiende perfectamente el juego colectivo y sabe sugerir a los compañeros dónde pueden dirigir el balón.

A diferencia del delantero que suele llamar al compañero para pedirle el balón, el centrocampista no pedirá siempre el esférico al jugador

TÉCNICA Y TÁCTICA DEL CENTROCAMPISTA MODERNO

que lo lleva, sino que le indicará a quien puede pasarla.

En las figuras 57 a 59, se ve como el centrocampista se mueve sin balón y se coloca en una zona de campo en donde podrá facilitar el pase por parte del compañero.

Moverse sin balón significa realizar un trabajo oscuro: mientras otros compañeros trenzan la jugada, el centrocampista sin balón tiene que fijarse, sobre todo, en no perder la posición, bien sea para estar en condiciones de defender mejor en el momento que concluya la ofensiva, o para poder intervenir mediante una nueva iniciativa personal en favor del juego de sus compañeros.

LECCIONES DE FÚTBOL: EL CENTRO DEL CAMPO

Pero saber jugar sin balón también significa estar siempre en el lugar en el que transcurre la acción, a pesar de que el balón se encuentre en otra zona del campo —justamente ahí reside la dificultad—. El centrocampista debe constituirse en cualquier ocasión, en un punto de referencia constante para sus compañeros.

Aprender a jugar sin balón no es difícil; lo importante es seguir día a día las enseñanzas tácticas del entrenador.

Para el técnico, la maniobra del equipo se desarrolla no sólo gracias a la habilidad técnica del jugador que lleva el balón controlado, sino a la capacidad de los demás jugadores de colocarse correctamente en determinadas zonas del terreno de juego.

En estos movimientos en los que se busca no perder la posición óptima, el centrocampista se convierte en un punto de referencia.

El centrocampista que sabe jugar sin balón es el jugador a quien los demás miran en las situaciones de apuro.

Sentido de la colocación en el campo

Una de las cualidades que globalmente son más importantes en el jugador que ocupa la demarcación de centrocampista es el sentido de la colocación. Colocación significa estar en el momento justo en el lugar apropiado. Todo esto está relacionado, evidentemente, con saber jugar sin

60

TÉCNICA Y TÁCTICA DEL CENTROCAMPISTA MODERNO

balón y con la habilidad para seguir la jugada que se está desarrollando.

En la figura 60, se ve un ejemplo de cómo el sentido de la posición puede beneficiar el juego del conjunto del equipo: ante la presión que ejerce el jugador de camiseta clara, el centrocampista se desmarca y ayuda al defensor en dificultades facilitándole una opción de pase.

Para ello se necesitan unas dotes naturales: el centrocampista tiene que seguir la acción de juego sabiendo en qué zona de campo debe colocarse para esperar el pase y favorecer el avance de los compañeros.

Sentido de la colocación significa no sólo estar en el lugar justo del ataque en la fase ofensiva del juego, sino también saber estar cerca de la defensa cuando se hay que realizar una cobertura para esperar una nueva posesión del balón. Un centrocampista que sepa marcar con eficacia al atacante, retrasa la jugada del equipo contrario y permite a los defensores del equipo propio colocarse correctamente para el marcaje.

Generalmente los compañeros de los centrocampistas juegan con la convicción de que les apoyan, desde la mejor posición para recibir el balón y proseguir la jugada. Esta sensación de seguridad del equipo aumenta cuanto mejor saben colocarse los centrocampistas. Esto hará que las acciones resulten más rápidas y verticales, que, en definitiva, hacen que un equipo sea peligroso.

Si el centrocampista sabe transmitir al resto del equipo el sentido de la colocación, y si el medio campo del equipo acaba por imponerse, los adversarios se verán obligados a modificar su disposición en el campo.

Tener sentido de la colocación significa lograr mantener cercanas las líneas y hacer posible que los compañeros jueguen con tranquilidad y sin prisas porque, ellos, los centrocampistas, están allí, para ayudarles y proponerles nuevas opciones de juego.

Jugar lejos o cerca de los compañeros

Colocación y saber jugar sin balón comportan una pregunta clave para el éxito del juego de nuestro equipo: ¿el centrocampista tiene que estar cerca o lejos de los compañeros que llevan el peso de la acción? En algunos casos cerca y en otros lejos, lo cual complica la tarea y destaca, una vez más, la dificultad de jugar en esta demarcación.

El jugador del centro del campo debe estar cerca del jugador que lleva el balón, pero debe saber hacerlo sin dejar descubierta ninguna zona y, a la vez, sin obstruir la zona en la que se está desarrollando la acción. También debe intuir el momento de alejarse para situarse en un punto en el que tenga posibilidades de recibir el balón.

Este trabajo, difícil de realizar porque se desarrolla simultáneamente a la acción del balón, convierte al centrocampista en un jugador que actúa con la visión propia de un entrenador que se encontrara dentro del terreno de juego: mientras los compañeros o los contrarios juegan el balón, el centrocampista ha de valorar al lado de quien debe colocarse y lejos de quien.

Por otro lado, en el equipo habrá con toda seguridad jugadores que, por sus características individuales y por la función asignada, necesitan más que otros la proximidad de un compañero que les permita desarrollar al máximo su juego; otros, por el contrario, tienen que poder moverse libremente con el balón en los pies sin notar el peso de la excesiva proximidad de un compañero, que incluso podría llegar a molestar.

En la figura 61, se observa cómo el centrocampista intenta buscar la distancia ideal a la que debe situarse del compañero, para favorecer de esta manera una acción rápida.

Estas situaciones, psicológicas y tácticas, son fruto del entendimiento total entre los jugadores, de la compenetración obtenida a través de entrenamientos de calidad y de la capacidad por parte del centrocampista de saber asimilar las enseñanzas del entrenador. Se puede afirmar que la elección de jugar cerca o lejos del compañero depende tanto de circunstancias puntuales del juego, como de valoraciones de orden táctico.

Un centrocampista exterior, por ejemplo, no puede estar lejos del defensa lateral o del compañero que está jugando el balón por la banda.

En esta situación, se constituirá como un punto de referencia, como un apoyo para poder recibir el balón y enviarlo al compañero que salga hacia arriba.

En cambio, un jugador situado en el centro del campo es posible que necesite espacio para efectuar un pase, un lanzamiento, o para correr hacia delante con el balón controlado.

En definitiva, el centrocampista ha de saber colocarse en la zona más eficaz para el buen desarrollo de la jugada: ni demasiado cerca, para no obstaculizar la iniciativa del compañero, ni demasiado lejos, de manera que no resulte útil en la jugada. Mantener las distancias idóneas con los otros integrantes del equipo significa tener unido el equipo, tener las líneas próximas es decir mantener

61

TÉCNICA Y TÁCTICA DEL CENTROCAMPISTA MODERNO

62

la cohesión entre las líneas de defensa, mediocampo y ataque, de manera que no se corra el riesgo de sufrir un contraataque del adversario y, en cambio, se pueda sacar el máximo partido de la posesión del balón.

En la figura 62, el centrocampista se aleja rápidamente de la zona de su compañero para colocarse y recibir el pase.

El marcaje al adversario

El centrocampista ha de saber marcar (controlar y entrar) al adversario igual que un defensa. El marcaje en la zona de mediocampo es una de las acciones más difíciles de llevar a cabo y condiciona en gran manera el desarrollo táctico del encuentro, porque la superioridad en el marcaje de los centrocampistas de uno u otro equipo implica una situación favorable determinante.

Marcar al centrocampista del equipo rival significa permitir que la defensa se coloque en la zona ideal para sujetar a los delanteros; por lo tanto, el marcaje en el centro del terreno de juego es un factor decisivo para el desarrollo del encuentro.

El marcaje eficaz por parte de un equipo se traduce en presión, y la presión implica más posibilidades de tener la posesión de balón, y esto conlleva a su vez más posibilidades de llegar a puerta y de obtener la victoria.

La aportación de un centrocampista que sepa marcar bien y anular la capacidad creativa del contrario, supone obtener una ventaja para su equipo, a veces tan importante que puede desequilibrar la balanza del encuentro sin un esfuerzo excesivo.

Dominando el centro del campo, todos los integrantes del equipo podrán obtener alguna ventaja en sus respectivos marcajes.

LECCIONES DE FÚTBOL: EL CENTRO DEL CAMPO

63

Por otro lado, los jugadores del equipo contrario perderán un punto de referencia en la zona neurálgica del juego. Esto puede comportar la superioridad en el centro del campo por parte de uno de los dos equipos, incluso utilizando el mismo número de jugadores en la línea de medios: un centro del campo formado por cuatro jugadores contra cuatro, pero con uno de los protagonistas que se impone constantemente en su duelo personal equivale a tener un centro del campo con un hombre más. El adversario se verá obligado a pedir a los compañeros que le doblen en el marcaje, y ello repercutirá en la disposición táctica en el campo.

El esfuerzo de un centrocampista durante los entrenamientos debe orientarse a preparar escrupulosamente el marcaje sobre los adversarios, de forma intensa pero sin cometer faltas, es decir con determinación, aunque en ningún caso con violencia (figura 63).

Doblar el marcaje

En el fútbol moderno, caracterizado por la utilización de la fuerza y por la rapidez en las acciones, que se basa en el control de las diferentes zonas del campo más que en los férreos marcajes al hombre, es fundamental que un jugador ayude a otro, aunque sea momentáneamente, en el marcaje de un adversario.

Esto significa que cuando un jugador está realizando tareas de marcaje, un compañero tiene que estar preparado para doblar el marcaje, es decir para ayudarlo en la realización de aquella acción concreta.

En la figura 64, se ve una esquematización del doblaje en el marca-

64

TÉCNICA Y TÁCTICA DEL CENTROCAMPISTA MODERNO

je: el jugador B entra en la demarcación de su compañero A para ayudarle en el control del adversario; mientras el jugador C se desplaza para cubrir la zona del jugador B.

La ayuda defensiva realizada por un centrocampista puede ser una de las armas decisivas no sólo en una acción determinada, sino para el desenlace del encuentro.

El centrocampista que realiza constantemente ayudas en defensa efectúa un trabajo de equipo e impide que las jugadas del equipo contrario evolucionen con facilidad y rapidez.

En las figuras 65 y 66, pueden verse dos secuencias para una ayuda en defensa realizada sobre el jugador que lleva el balón. En resumen, el doblaje en el marcaje es una de las funciones esenciales que debe realizar el centrocampista actual, que no se conforma con construir el juego de su equipo, sino que también se esfuerza en evitar que el equipo contrario llegue hasta la línea defensiva del propio equipo.

LECCIONES DE FÚTBOL: EL CENTRO DEL CAMPO

LA FALTA TÁCTICA

Una de las circunstancias que se producen cada vez más en el fútbol moderno es la denominada falta táctica, consistente en realizar una acción voluntariamente incorrecta con el fin de cortar una acción contraria que, de proseguir, constituiría un gran peligro para la defensa.

Se habla de falta táctica porque la acción incorrecta se produce lejos del área de castigo, o sea en la zona de mediocampo, donde teóricamente todavía no constituye un gran peligro para el equipo que defiende.

Quienes reciben este tipo de faltas, con más frecuencia son los centrocampistas, especialmente los que son capaces de lanzar a otro compañero hacia delante en una jugada rápida que desborde el planteamiento defensivo del rival.

El retrato robot del jugador que recibe la falta corresponde al organizador de juego, al centrocampista que marca el ritmo de su equipo, así como el retrato robot del jugador que más veces comete este tipo de infracción —y que se sacrifica corriendo el riesgo de ser amonestado con cartulina amarilla o incluso expulsado del encuentro, con roja directa— es aquel centrocampista defensivo que basa su juego más en la cantidad que en la calidad.

Hasta hace pocos años, la falta táctica era una buena arma para combatir la velocidad con la que salía el equipo contrario. En efecto, los árbitros solían castigar este tipo de infracciones con una simple falta, de manera que en la práctica el equipo perjudicado por la infracción, no lograba una ventaja significativa. La interrupción de la acción no quedaba compensada por el beneficio del lanzamiento de la falta.

Desde hace relativamente poco tiempo, la adopción de nuevas reglas, permite que la falta táctica puede ser castigada, como ya hemos dicho, con cartulina amarilla o incluso con la expulsión del infractor.

En definitiva, la falta táctica es un recurso extremo, que se realiza sabiendo que puede ser motivo de expulsión. Suelen incurrir en este tipo de falta los equipos que, no pudiendo soportar la superioridad del equipo contrario, no les queda otro remedio que cortar la acción del adversario de forma ilícita.

El doblaje defensivo sirve para ayudar a los marcadores y ahorrarles un mayor desgaste. El resultado es que los jugadores del equipo podrán colocarse mejor en las zonas asignadas, facilitando a la defensa el control de los delanteros contrarios.

La ayuda en el marcaje puede efectuarse desde los primeros movimientos de ataque por parte de los adversarios y, por lo tanto, puede empezar ya con un *pressing* (véase página 88) en el área de castigo contraria. En la figura 67, se ve como durante un entrenamiento, el centrocampista es presionado por dos contrarios, un por delante y otro por la espalda, en tanto que desde la banda el técnico sugiere la colocación idónea.

TÉCNICA Y TÁCTICA DEL CENTROCAMPISTA MODERNO

67

Los contraataques

En el fútbol moderno aparece cada vez con mayor peso táctico el llamado *juego de contraataque*, una variante del contragolpe (véase página 96) realizada con mayor velocidad e involucrando prácticamente a todo el equipo.

Hasta los años setenta, en las jugadas de contrapie intervenía un jugador, que se encargaba de robar el balón cuando se le presentaba la ocasión y salir rápidamente al ataque. Hoy en día es todo el equipo el que debe estar preparado para desplegarse hacia el campo contrario velozmente, después de haber robado el balón al jugador que lo controlaba.

En esta circunstancia del juego, el centrocampista ha de estar preparado para aportar fluidez a la acción y favorecer la subida de los compañeros al ataque. Su pase deberá ser al primer toque, para no perder un tiempo precioso que permitiría al equipo rival recuperar la igualdad numérica y las posiciones defensivas ordenadamente.

 **LECCIONES DE FÚTBOL: EL CENTRO DEL CAMPO**

68

69

En las figuras 68 y 69, se representan dos momentos del contraataque: el equipo inicia la acción desde la defensa tras una recuperación, y todos los jugadores salen hacia delante, hasta obtener una disposición óptima para el ataque.

Velocidad en la ejecución y lucidez táctica deben acompañar los fundamentos técnicos del centrocampista que dirige el contraataque. Al mismo tiempo, los compañeros del centrocampista que está en posesión del balón tienen que comprender inmediatamente su intención de dirigir el balón hacia una determinada zona del campo y, sobre todo, deben saber que está intentando dar rapidez al juego.

En el fútbol actual esta es una de fases más importante de un partido, en la que puede apreciarse la técnica de base que tiene el centrocampista, la capacidad para efectuar pases largos y precisos, y la visión de juego que le permite dirigir la acción hacia los compañeros más libres de marca que se encuentran en campo contrario.

El hecho de que cada vez se juegue con mayor velocidad y la disposición táctica en el campo de los equipos, casi siempre con poca separación entre líneas y, por lo tanto, con pocos espacios, hacen que el contraataque sea una de las fases más espectaculares y determinantes del partido.

En la figura 70, se observa como después de haber robado el balón

TÉCNICA Y TÁCTICA DEL CENTROCAMPISTA MODERNO

al adversario, el centrocampista se dispone a salir rápidamente al contraataque.

El pase horizontal

Entre las misiones del centrocampista, una de las más importantes es la de dar buenos pases a los compañeros del propio equipo. El pase puede darse en horizontal o en vertical, según como se quiera culminar la acción de juego del equipo.

En la figura 71, se observa un pase horizontal del centrocampista a un compañero desmarcado.

El pase en horizontal es una solución a la que el centrocampista recurre con frecuencia, ya sea para ralentizar la acción, para desplazarla a otra zona del campo en la que haya

LECCIONES DE FÚTBOL: EL CENTRO DEL CAMPO

menos presión del equipo contrario, para poner en juego a un compañero que esté libre de marcaje, o para triangular con un jugador desmarcado (véase página 78). La elección de este tipo de pase se basa en lo que el centrocampista *está viendo* en aquel momento, en la forma en la que *lee* el partido desde el punto de vista táctico.

Este tipo de pase casi siempre es preparatorio para una acción de juego que se desarrollará en otra zona del campo, y sirve para hacer participar a más jugadores en su elaboración: el centrocampista busca un compañero situado por delante y le pasa el balón. Inmediatamente se abre en horizontal o hacia delante para recibir nuevamente el balón; de aquí nace la acción.

Este movimiento permite a los compañeros más adelantados situarse de forma óptima entre la defensa contraria y facilitar con ello el pase vertical por parte del centrocampista, cambiando así el ritmo de la acción.

En algunas ocasiones los centrocampistas juegan en horizontal antes de efectuar el pase vertical. Esta decisión compete al centrocampista y si opta por realizarla, es porque los adversarios han cerrado bien los espacios o porque quiere ralentizar momentáneamente el ritmo. Según la colocación de sus compañeros y de los jugadores del equipo contrario deberá decidir la forma de actuar y el tipo de pase que resulta más conveniente.

En la figura 72, puede observarse como el centrocampista espera a que el compañero se coloque para efectuar un pase horizontal en el momento justo, sin correr el riesgo

72

TÉCNICA Y TÁCTICA DEL CENTROCAMPISTA MODERNO

de que un jugador contrario intercepte el balón.

En el pase horizontal el centrocampista requiere, lógicamente, la participación de varios compañeros más, invitando a un juego colectivo con el objetivo de atacar con varios jugadores sin perder las posiciones y manteniendo las líneas compactas.

El pase vertical y en profundidad

Veamos uno de los momentos más importantes del partido; se produce cuando el centrocampista recibe el balón, mira hacia delante, y efectúa un pase vertical, en profundidad.

El delantero que recibe el balón lo hace casi siempre en unas condiciones que, gracias a la verticalidad del lanzamiento, le permiten encarar el marco contrario aprovechando su carrera rápida. Esta es una situación claramente ventajosa que se debe aprovechar adecuadamente.

Para efectuar un buen pase vertical, el centrocampista debe aprovechar todas sus cualidades técnicas: visión de juego para ver la posición del compañero, incluso a notable distancia; precisión en el pase, para dar el balón en las mejores condiciones de ser jugado; lucidez mental, para elegir el momento más oportuno para el buen desarrollo de la acción; fuerza física, para imprimir al balón la potencia justa que permita realizar una jugada rápida.

En la figura 73, se ve como el centrocampista observa la colocación de los compañeros mientras avanza con el balón y se dispone a efectuar un pase largo.

En ocasiones el pase largo se realiza cortando el campo en diagonal, para enviar el balón a una zona que los adversarios no han podido cubrir a tiempo.

Para poder realizar este tipo de pases se requiere muchas horas de entrenamiento, empezando por los principios elementales del tiro en parado, y pasando a los lanzamientos en movimiento con ambos pies.

El buen centrocampista es precisamente aquel que sabe efectuar pases en profundidad, que superan la línea de medio campo, provocando que los jugadores del equipo contrario no puedan ocupar adecuadamente y a tiempo sus posiciones defensivas, con lo cual el delantero del equipo propio queda en una posición favorable para encarar el marco contrario con pocos obstáculos por delante.

73

 **LECCIONES DE FÚTBOL: EL CENTRO DEL CAMPO**

74

En el pase vertical es donde se distingue al director de juego del resto de los centrocampistas, puesto que es el jugador capaz de marcar la diferencia técnica. El organizador de juego (el que marca el ritmo al equipo), es el encargado de realizar este tipo de pases, que utiliza como recurso para aumentar la velocidad del juego.

En la figura 74, puede verse como el centrocampista envía un pase vertical, en el que el balón sale en dirección al área contraria.

Sin embargo, el pase vertical no tiene porqué ser necesariamente un pase largo. En ocasiones un pase vertical de pocos metros es suficiente para provocar una situación de superioridad en una zona del campo determinada, del mismo modo que un intercambio de pases, verticales y horizontales, propicia la posibilidad de avanzar, además de mantener la posesión del balón.

El centro

En un partido de fútbol siempre se desarrollan algunas jugadas concretas que se repiten con gran frecuencia. Una de las más clásicas es el centro, es decir un tipo de pase dado generalmente por alto o a media altura, con parábola del balón superando la barrera defensiva que sirve para hacerlo llegar a un delantero que está situado en el área de castigo contraria.

Si este tipo de pase se efectúa a ras de suelo se suele hablar de *centro chut*, ya que normalmente el objetivo es mandar el balón con potencia al área contraria, más que chutar directamente a portería, buscando el remate de un delantero o el rechace fallido de un defensa que pueda acabar en autogol.

Para centrar correctamente se requiere saber coordinar bien los mo-

TÉCNICA Y TÁCTICA DEL CENTROCAMPISTA MODERNO

vimientos en carrera y tener un control total del balón. Para que el centro sea eficaz en necesario que encuentre a un compañero bien posicionado que tenga la posibilidad de rematar.

El centrocampista intentará meter balones con mayor empeño si sabe que en su delantera hay jugadores que van bien de cabeza o que saben sacar partido de su habilidad en el área para rematar (por ejemplo, realizando una chilena).

Para entrenar esta técnica, es decir efectuar centros, se requiere la participación de varios jugadores. El jugador que efectúa el centro debe tener presentes las características de los compañeros e intuir dónde irán a buscar el remate.

Esta es una de las cualidades más interesantes en un centrocampista: saber dirigir el balón no al punto en el que se encuentra el compañero, sino a donde sabe que puede llegar a recibirlo en condiciones favorables.

Centrar es una acción compleja, que requiere visión de juego y que, justamente por su peligrosidad, conviene aprender a aprovechar siempre al máximo.

Por otro lado, no hay que abusar de los centros; efectivamente, un buen centrocampista prefiere jugar el balón raso combinando pases más seguros, en lugar de arriesgar en exceso basando el ataque continuamente en balones altos. Fallar un centro significa casi con toda seguridad entregar el balón al equipo contrario, que podrá iniciar el contraataque.

En la figura 75, se puede observar, en una jugada de estrategia, un ejemplo de centro muy utilizado a la salida de un córner realizado en corto: esta jugada requiere bastante preparación, especialmente por parte de los centrocampistas.

El centro, si se realiza con precisión en el momento justo, es prácticamente una asistencia de gol (véase página 80). Sin embargo, a menudo se considera como centro lo que simplemente es un despeje sin dirigir que sirve para anular las iniciativas

75

 **LECCIONES DE FÚTBOL: EL CENTRO DEL CAMPO**

contrarias. En realidad, el centro se efectúa siempre siguiendo la lógica del pase al compañero que está más desmarcado y no para chutar al azar más allá de la línea central.

La triangulación

El fútbol es por definición un juego de equipo, y por lo tanto es impensable desarrollar las jugadas de forma individual, excepto en algunos casos excepcionales.

La triangulación es una forma de realizar una jugada apoyándose en un compañero, que consiste en pasarle el balón para volver a recibirlo inmediatamente, de manera que permita jugar con rapidez y llevar jugadores hacia delante, evitando la responsabilidad de tener que encarar un uno contra uno.

La triangulación es uno de los esquemas de entrenamiento que más se ensayan y se estudian. Para ello se trabajan con paciencia los desplazamientos que deben realizar los jugadores de la línea que aplica este tipo de jugada.

La triangulación constituye una de las acciones más espectaculares del partido, y requiere mucho entrenamiento para que la ejecución sea precisa. El balón se juega al primer toque, sin detenciones. Los jugadores que generalmente se sirven más de esta combinación son los centrocampistas, ya que donde más se utiliza es precisamente en el centro del campo o en la zona atacante, en campo contrario.

El jugador que conduce el balón lo pasa a un compañero de equipo y corre hacia delante, para desmarcarse y ganar una posición más favorable para proseguir la acción. El compañero que recibe el balón hace de pared, es decir, recibe el balón, e inmediatamente lo manda hacia delante, hacia la nueva posición que ocupa el jugador que le había dado el pase (figura 76).

Este mecanismo requiere rapidez de reflejos, entrenamiento y un control perfecto del balón.

Una buena triangulación permite casi siempre acelerar la acción atacante, desplazando hacia delante la acción del juego. Bien ejecutada,

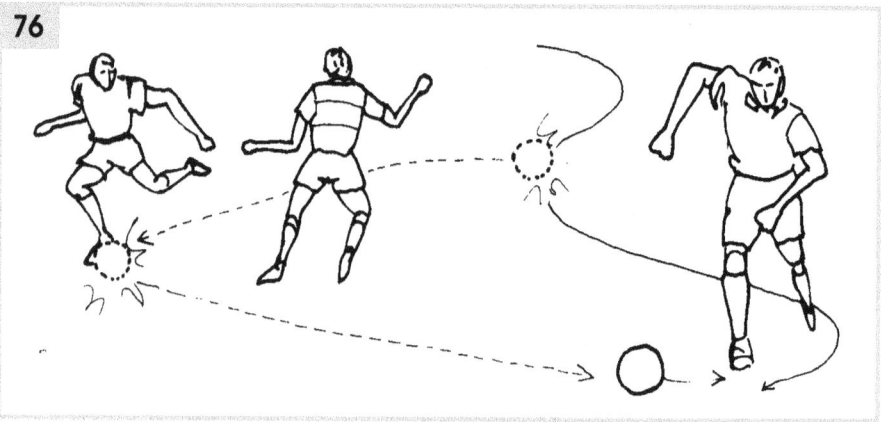
76

TÉCNICA Y TÁCTICA DEL CENTROCAMPISTA MODERNO

77

la triangulación comporta una situación realmente ventajosa, además de situar al adversario en inferioridad numérica

Al centrocampista que participa en esta acción se le pide que haga la pared perfectamente —en el caso de que sea otro compañero el que inicie la acción—, pero nada le impide que sea él mismo quien comience la triangulación.

Esto ocurrirá cuando el jugador se dé cuenta de que no es posible seguir desarrollando una determinada jugada, porque los contrarios están bien colocados en su campo y con posibilidades de efectuar buenos marcajes. Entonces es cuando el centrocampista toma las riendas del juego, se aproxima a un jugador de su propio equipo y decide trasladar el centro de la acción hacia delante, utilizando la jugada en cuestión, es decir, realizando una triangulación. Evidentemente es uno de los momentos en que el centrocampista asume directamente la responsabilidad, ya que su papel en el campo le obliga a decidir cuándo y cómo conviene efectuar este tipo de acción espectacular, cuya finalidad es hacer llegar el balón a un atacante que chutará a portería con posibilidades de lograr un gol.

En la figura 77, se observa como el centrocampista, presionado por un adversario, solicita la colaboración de un compañero para realizar una triangulación.

En equipos de un cierto nivel, que ya tienen una buena preparación física y que trabajan esquemas de juego, se puede realizar perfectamente varias triangulaciones encadenadas. El resultado es espectacular y conlleva gran peligro para el equipo contrario, porque si se realiza bien, este tipo de jugada puede dejar un hombre desmarcado delante del marco contrario.

LECCIONES DE FÚTBOL: EL CENTRO DEL CAMPO

El desarrollo es el siguiente: cuando se ha realizado la primera triangulación interviene un tercer jugador, que hace una segunda pared hacia el jugador que ha iniciado la jugada. Para que la ejecución sea perfecta no puede haber indecisiones; para ello el jugador que lleva el balón y tiene la intención de hacer una pared con otro compañero tiene que dar a conocer sus intenciones a los jugadores de su propio equipo.

Una vez más, la personalidad, el carisma y la técnica del centrocampista, es decir la clase, contribuyen a que esta jugada se desarrolle con éxito.

La asistencia

Dar una asistencia significa, en términos futbolísticos, dar a otro jugador del equipo un balón de gol, o dicho de otro modo, realizar el último pase que permitirá el remate a portería. Es el objetivo que persigue la acción de ataque y requiere visión de juego y seguridad. Estos pases definitivos casi siempre corren a cargo de los centrocampistas. Es más, su capacidad para dar asistencias de gol demuestra la importancia técnica que tiene este jugador.

El centrocampista que da la asistencia tiene que prescindir de la idea de ser él quien intente batir al meta del equipo contrario. En efecto, quizás este último pase podría suprimirse, y ser el centrocampista quien asumiera la responsabilidad de disparar a puerta directamente, pero si hay un jugador en mejor posición, no hay motivo alguno para hacer ese planteamiento que tantas veces será perjudicial para el equipo.

La asistencia es, en definitiva, un pase que tiene muchas probabilidades de acabar en gol; un pase que llega a un compañero que se halla en situación óptima para chutar con éxito a puerta. Una situación en la que no tiene ningún jugador contrario delante; sólo queda el portero entre el balón y la red.

Para realizar buenas asistencias, más allá de la clase que cada jugador pueda tener, hace falta realizar muchas ensayos en el entrenamiento, pasar mucho tiempo trabajando este aspecto del juego.

Por otra parte se tienen que idear esquemas de juego que creen la posibilidad de hacer que un jugador se encuentre en condiciones ideales frente a la portería contraria. Es aquí cuando entra en juego el jugador que realiza la asistencia, el que posee rapidez de reflejos, excelente técnica y sentido de juego colectivo, colocando el balón delante de la portería contraria hacia el compañero mejor situado.

Hay futbolistas que tienen un instinto natural e innato para servir el balón al compañero que se encuentra frente a la portería, gracias a una especial capacidad de intuir con antelación la acción que se llevará a cabo, con una visión propia de un entrenador en el terreno de juego. Los centrocampistas son, precisamente, los jugadores más propensos a realizar este tipo de pases, ya que normalmente son ellos quienes se encargan de decidir cómo y cuando debe ser concluida la acción, y de qué manera se tiene que realizar el pase definitivo.

El media punta también puede realizar asistencias en determinadas

TÉCNICA Y TÁCTICA DEL CENTROCAMPISTA MODERNO

condiciones, cuando un atacante está mejor posicionado que él delante del marco contrario, pero normalmente suele ser el organizador del juego el que se encarga de dar el pase de gol en cuestión. Es él quien debe tomar las riendas del equipo, conducir la acción, y decidir finalmente que se debe concluir con un disparo a puerta.

Los mejores organizadores de juego son los jugadores más capacitados no sólo para desarrollar la acción, creando dificultades a la defensa contraria, sino sobre todo para dictar el ritmo de la jugada y para dar el balón al compañero de equipo que se encuentre desmarcado.

En definitiva, una de las cualidades peculiares del centrocampista es conducir el balón con mucha soltura y rapidez, y prever con antelación cuál será el desarrollo de la acción hasta el último pase, es decir hasta la asistencia que finalizará en gol.

En la figura 78, puede verse al superclase del Inter (en esta fotografía luciendo los colores del Milán) y de la selección italiana, Roberto Baggio, un autentico especialista en dar asistencias.

78

La finta y el *dribbling*

En el bagaje técnico de todo futbolista en general, y del centrocampista en particular, la finta es una de las habilidades que debe dominar necesariamente para poder llegar a ser realmente competitivo.

Largos períodos de entrenamientos específicos, trabajando todos los movimientos que el cuerpo pueda realizar con el balón en los pies, per- mitirán obtener destreza y equilibrio para poder realizar la finta. Esta consiste en simular un movimiento con el balón en los pies para engañar al adversario y librarse de su marcaje.

La finta es un recurso más que permite sacar adelante una acción, pero es, a la vez, uno de los momentos más espectaculares en el enfrentamiento entre dos jugadores, y constituye una de las variantes del juego en la que más se improvisa.

El centrocampista no puede prescindir de este recurso técnico que le sirve para superar, con el balón controlado (*dribbling*), el marcaje de uno o más hombres del equipo contrario y quedarse en condiciones de

LECCIONES DE FÚTBOL: EL CENTRO DEL CAMPO

realizar un pase a un compañero de equipo. Un desplazamiento imperceptible del cuerpo hacia un lado puede provocar un desequilibrio en el adversario, suficiente para abrir un hueco que permita avanzar al centrocampista que lleva el balón.

En la figura 79, puede observarse cómo una finta realizada con el cuerpo desequilibra al adversario y el jugador puede deshacerse de su marcaje.

En la figura 80, el adversario está en el suelo, desequilibrado por la finta del centrocampista.

Es cierto que no conviene utilizar excesivamente la finta, sino sólo cuando las circunstancias del juego lo exijan. Muchos jugadores hacen que, con frecuencia, el juego pierda fluidez porque utilizan las fintas en exceso, y otros, en cambio, se ganan la titularidad por la facilidad con la que mantienen la posesión del balón utilizando la finta. El buen centrocampista sólo debe recurrir a la finta cuando se ve sometido a un marcaje asfixiante, y nunca debe hacerlo para brillar de cara a la galería, si no simplemente para ganarse el aplauso fácil del público.

El exceso de fintas ralentiza el juego y favorece la colocación de los adversarios. Por otro lado, si se pierde

TÉCNICA Y TÁCTICA DEL CENTROCAMPISTA MODERNO

el balón en una zona demasiado próxima a la propia defensa o cuando se tienen las líneas demasiado adelantadas, el contragolpe del equipo rival podría tener graves consecuencias.

En la línea del centro del campo no debe faltar nunca aquel jugador que con sus fintas es capaz de desequilibrar el centro del campo y la defensa del equipo contrario. De este papel se encarga a menudo el centrocampista exterior, que no sólo sabe llevar el balón, sino que es capaz de controlarlo gracias a esta técnica. Esta acción permite a los compañeros desmarcarse y subir adelante, y al autor de la finta continuar la acción individual.

Antiguamente, los extremos eran los que más recurrían a este tipo de juego; realizaban la finta para regatear al defensa lateral y correr hasta la línea de fondo para poder centrar el balón o chutar directamente a puerta. En cambio, hoy en día se exige al centrocampista exterior que lleve el balón sirviéndose más de la fuerza física que de la técnica, y los extremos técnicos cada vez son menos numerosos.

Aquellos jugadores llenos de fantasía y conocidos por sus fintas, capaces de arrancar con el balón en los pies desde medio campo y llegar hasta el área de castigo contraria han pasado a la historia, y hoy en día tienen poca presencia en los terrenos de juego. Así, podemos recordar los nombres de Garrincha, Biavati, Ghiggia, Conti, Julinho, Mattews, Claudio Sala, como forjadores de una era futbolística que parece haber ya desaparecido.

Hoy en día son pocos los extremos a quienes se permite jugar con total libertad técnica, sirviéndose libremente de recursos como la finta, y en cambio se exige al centrocampista exterior una atención total en el juego colectivo: hacer pocas fintas, subir el balón con la máxima rapidez, dar pases rápidos y realizar la cobertura de la propia zona del campo.

El control del ritmo del partido: ralentizar o acelerar la acción

Una vez analizadas todas las funciones de los centrocampistas, las cualidades técnicas y tácticas que necesitan dominar estos jugadores y las distintas situaciones que, en esta demarcación, pueden producirse a lo largo del encuentro, nos queda por analizar un aspecto táctico fundamental: el ritmo del partido.

El centrocampista, en función de las características de sus compañeros de equipo, de los adversarios y de las circunstancias particulares de cada encuentro, será el encargado de aumentar, con su juego de equipo, la rapidez de ejecución de las jugadas o ralentizará el ritmo.

Si el equipo va por delante en el marcador y los adversarios se pueden considerar peligrosos por la calidad individual y por su juego de conjunto, una buena decisión será ralentizar algunos momentos el ritmo del encuentro, para permitir que la defensa se recupere de los esfuerzos recientes.

Además, este cambio de ritmo en el juego obligará a los jugadores del equipo contrario a adaptarse, operación que no es nada fácil y que por ello, les puede ocasionar problemas y no les deja llevar la iniciativa.

# LECCIONES DE FÚTBOL: EL CENTRO DEL CAMPO

Romper la iniciativa de los adversarios es una de las tácticas para ganar un partido, y el centrocampista es quien debe decidir cuál es el momento adecuado para hacerlo.

De la misma manera, el centrocampista también decide cuando conviene acelerar el ritmo, para jugar con mayor agresividad. Si el equipo está bien entrenado y si los mecanismos tácticos se han estudiado convenientemente para que salgan fácilmente y resulten eficaces, el juego rápido y al primer toque dará al equipo mayor peligrosidad.

El centrocampista, que representa el motor del juego, es, por lo tanto, el que marcará el ritmo al equipo, pudiendo pasar de un ritmo rápido a otro más pausado, o incluso lento y con muchos pases en horizontal, con el objetivo de conservar la posesión del balón, poner nerviosos a los jugadores contrarios y consumir tiempo de juego.

En la figura 81, el centrocampista decide mientras conduce el balón y mantiene la mirada hacia delante, cuál debe ser el ritmo de la acción.

Es muy importante contar con uno o varios jugadores capaces de dictar a los compañeros el ritmo apropiado. Un equipo se hace peligroso y adquiere mentalidad de ganador cuando sus centrocampistas dominan el ritmo del partido.

El papel del centrocampista, y aún más el del organizador de juego, tiene un enorme paralelismo con el de un director de orquesta, y es por este motivo de un buen organizador de juego se dice que es como un entrenador en el campo. La orquesta es el equipo, dispuesta a seguir la partitura elegida por el centrocampista.

Para lograr que todos los hombres jueguen como desea el centrocampista, este ha de tener la máxima confianza por parte del resto de jugadores. Por otro lado, para aprender a contener el ritmo o para acelerarlo, se deberá trabajar mucho en los entrenamientos desde el punto de vista técnico.

El centrocampista jugando en campo propio

¿Qué ocurre cuando la acción se desarrolla en la propia mitad del campo? ¿Cómo debe actuar el centrocampista en esta circunstancia? Es evidente que estos jugadores constituyen la primera barrera defensiva del equipo (a no ser que los delanteros hagan *pressing*

TÉCNICA Y TÁCTICA DEL CENTROCAMPISTA MODERNO

82

sobre los defensores, ya sea en el área contraria, véase página 88), y por lo tanto su trabajo en este momento del juego es importantísimo.

Realizar una buena labor de contención significa que la defensa no recibirá directamente los ataques del equipo contrario. En esta fase defensiva del juego, el centrocampista se encuentra en su propio campo y tiene que procurar frenar al equipo contrario cerrando para ello espacios.

Este es un momento importantísimo del partido porque una buena colocación de los hombres del centro del campo proporciona las ayudas adecuadas a la defensa, y al mismo tiempo permite, una vez que ha concluido el ataque del equipo rival, construir una nueva jugada sin necesidad de recurrir a acciones aisladas.

En este momento del juego, la máxima presión corre a cargo de los centrocampistas defensivos, que van siguiendo al jugador que lleva el balón, hasta que en el límite del área un compañero dobla el marcaje o el rival pasa la pelota a otra zona del terreno de juego.

Cuando concluye la acción del equipo contrario, los centrocampistas se distribuyen las funciones: el más capacitado para subir el balón e iniciar el ataque arrancará desde la defensa, dispuesto a servir el balón a un compañero de línea capaz de efectuar un lanzamiento largo o de acelerar el juego con una iniciativa personal. El organizador de juego, que también puede arrancar desde posiciones muy retrasadas y generalmente se sitúa por delante de la defensa, está siempre preparado para recibir el balón y constituye el punto de apoyo ideal para el inicio de la jugada. Al mismo tiempo, sus compañeros de línea empezarán a subir hasta la línea de medio campo, ocupando sus respectivas posiciones naturales.

En la figura 82, puede verse como el centrocampista se aproxima al contrario que avanza con el balón controlado. Los compañeros de su equipo tienen tiempo para colocarse en las posiciones que les corresponden para poder recuperar el balón lo antes posible o al menos frenar el avance del equipo contrario.

LECCIONES DE FÚTBOL: EL CENTRO DEL CAMPO

El centrocampista en la franja central del campo

Este es la zona natural del centrocampista, desde donde puede seguir todas las acciones, tanto las realizadas en defensa como las que se realizan durante la construcción del ataque. Aquí, en el centro del campo, el centrocampista no puede fallar. Él es el amo y señor de esta franja del terreno de juego en la que nacen las jugadas del equipo.

En esta zona un equipo no debe acumular demasiados hombres, ya que podrían entorpecerse mutuamente las acciones, y dificultar sus movimientos. Los errores aquí pueden tener consecuencias muy peligrosas y, por ello, se debe jugar en todo momento con la máxima concentración.

Manteniendo la mirada alta y no bajándola con demasiada frecuencia al balón, el centrocampista *crea* el juego y atiende a las propuestas que le hacen los compañeros de equipo. Con esa disposición que nace de sus recursos técnicos puede elegir la forma de jugar el balón, mediante pases en profundidad, o bien en horizontal, centrando o regateando, mientras los compañeros se irán colocando según el esquema de juego preparado en los entrenamientos, sobre todo cuando la acción discurre en avance.

En esta zona de campo, el centrocampista pide a los defensas el balón que servirá para iniciar la jugada, y procurará mirar hacia delante para poder ver ante la defensa contraria el desmarque que realice algún compañero. A su vez este movimiento de los compañeros más adelantados

83

puede servir para abrir espacios que él mismo podrá utilizar para realizar una acción de ataque. Es enormemente importante que cuando el centrocampista haya pasado el balón, no se deje llevar por el deseo de sumarse al ataque, sin haber controlado previamente el movimiento de los adversarios, y saber cómo queda organizado su equipo a su espalda.

En el fútbol moderno, como por otro lado en todos los juegos de equipo, el control de la propia zona de campo es esencial. En el fútbol este es uno de los fundamentos para poder optar a la victoria. Por lo tanto, es inadmisible que un centrocampista abandone su demarcación para correr hacia delante sin motivos realmente justificados.

El centrocampista deberá seguir el desarrollo de la jugada, pero desde su zona de campo. Sin embargo,

TÉCNICA Y TÁCTICA DEL CENTROCAMPISTA MODERNO

existen algunas excepciones, como son las situaciones provocadas por la rapidez del juego propio o bien por la descolocación del equipo contrario, que predisponen el centrocampista a reforzar el ataque o incluso a chutar a portería.

En la figura 83, puede verse al jugador del Milán y de la selección italiana Albertini, un centrocampista clásico capaz de marcar el ritmo del encuentro a su equipo, que interviene tanto en defensa como en la construcción del juego de ataque.

El centrocampista jugando en campo contrario

La acción ha empezado en nuestra mitad de campo, se ha desarrollado en la zona central y ahora el balón se encamina en campo del adversario hacia la defensa contraria. ¿Qué han de hacer los centrocampistas? Sin dejar de controlar sus respectivas zonas de influencia, siguen la acción que se desarrolla entre atacantes. Seguramente no estarán quietos, sino que también avanzan dispuestos a intervenir en ayuda de los jugadores de ataque de su equipo, aunque sin dejar descubierta la defensa.

Esta es una de las fases de mayor dificultad: mientras la defensa contraria se esfuerza en marcar a los delanteros y defender su propio marco, el centrocampista debe valorar ya cuando concluirá la acción, y cuando volverá de nuevo a la zona central.

Esta valoración debe realizarla el centrocampista mientras se está atacando; es la única forma de no estar desprevenido ante la posibilidad de que se produzca un rápido contragolpe, un despeje inesperado o una pérdida de balón, que pueda coger desguarnecida a la defensa.

En la figura 84, se observa al jugador preparado para enviar un pase hacia delante ya con la acción en campo contrario.

Sin embargo, las funciones del centrocampista no se limitan a una especie de control que supervisa con la mirada la acción de los delanteros

del equipo. Es posible que sea necesario reforzar el trabajo de la delantera, y que los centrocampistas suban alternativamente al ataque. Quizá un delantero le necesite de apoyo para poder triangular o le pase un balón para ser rematado a portería.

La concentración del centrocampista debe ser total ya que se le pide que participe en la acción, sin estar en posesión del balón, o también incluso cuando la acción tiene lugar lejos de su zona de influencia natural.

Cuanto más preparado está física y técnicamente el centrocampista, más potencial de intervención tendrá en todas las zonas del terreno de juego, en cualquier circunstancia. El centrocampista capaz de participar activa y constantemente en el juego será un jugador que triunfará y que hará triunfar a su equipo.

El *pressing*

Uno de los factores decisivos a lo largo de un encuentro, sobre todo en el fútbol moderno, es la capacidad de los jugadores de hacer *pressing*, es decir de presionar la jugada directamente del contrario desde que la inicia. Para poner en práctica el *pressing* hace falta que los jugadores estén dispuestos a ayudarse y a moverse en grupo, a trabajar mucho, cada uno en su propia zona, sin obstaculizar los movimientos de los compañeros.

En esta circunstancia la tarea del centrocampista es presionar a la defensa contraria conjuntamente con los delanteros. Cuando estos últimos se muevan para presionar a los defensores, los centrocampistas deberán estar preparados para intervenir, desplazando hacia delante su radio de acción y marcando estrechamente cada cual a su hombre, listos para subir como si tuvieran que doblar el marcaje en favor del delantero.

El *pressing* tiene dos objetivos principales: por un lado obstaculizar y ralentizar la acción del equipo rival, y por otro buscar la posibilidad de convertir una jugada defensiva en otra ofensiva.

85

TÉCNICA Y TÁCTICA DEL CENTROCAMPISTA MODERNO

86

Si el pressing está bien realizado y da sus frutos el equipo recupera la posesión del balón. En esta circunstancia el centrocampista tiene que ser muy rápido y pasar el balón a un compañero desmarcado para que dispare a puerta antes de que el equipo contrario haya podido reconstruir la defensa que estaba en movimiento para salir hacia delante al tener su equipo el balón.

Hacer *pressing* implica realizar un extraordinario gasto energético; además, no se tiene la certeza de que vaya a tener éxito y, a la vez, se corre bastante riesgo, ya que el equipo en su conjunto se desplaza hacia delante, pero sin tener la posesión del balón. Por ello deberá intentar conquistarlo con cierta agresividad.

Para poder realizar correctamente el *pressing* se necesita hacer entrenamientos continuos y específicos con todo el equipo, igual que para aplicar otras jugadas como por ejemplo la táctica del fuera de juego (toda la línea defensiva se desplaza hacia delante un instante antes de que se produzca el pase al delantero contrario, dejándolo en posición antirreglamentaria delante del portero).

En la realización del *pressing* participan todas las líneas del equipo y cada uno de los jugadores debe estar preparado para intervenir. El equipo tiene que saber concluir el *pressing* si no ve posibilidades reales de robar el balón, puesto que insistir en una acción que comporta tanto desgaste con el riesgo de dejar una línea descubierta resulta peligroso.

Al concluir el *pressing* los jugadores han de recuperar, con la máxima rapidez sus posiciones iniciales para defender nuevamente las respectivas zonas. En este caso también la zona del centro del campo es la más importante.

En las figuras 85 y 86, puede verse un momento de la realización de un *pressing* de los centrocampistas sobre un jugador adversario que avanza con el balón.

El centrocampista en funciones de atacante y disparando a portería

En la fase ofensiva del juego, el centrocampista que ha decidido seguir la acción atacante de los delanteros, puede quedarse momentáneamente en la posición de la punta de ataque.

Esta es una circunstancia muy particular, en la que el centrocampista, que está habituado a jugar el balón para dar pases, centrar o apoyar a otro compañero, debe pasar de ser un generoso jugador de equipo a ser un realizador egoísta, el hombre gol de aquella jugada concreta. Su técnica avanzada y la capacidad para leer la situación en el campo lo convierten en una de las peores amenazas para un portero.

LECCIONES DE FÚTBOL: EL CENTRO DEL CAMPO

En la figura 87, se ve esquemáticamente cómo puede producirse un jugada en la que el centrocampista se quede sólo delante del guardameta y tenga opción de chutar a portería.

El centrocampista que sube al ataque, debe hacerlo de forma que no convierta nunca su acción en un obstáculo para los movimientos de los delanteros de su equipo, por ello no debe entrar en cualquier circunstancia en la zona de acción.

Los delanteros no quieren tener a nadie a su alrededor, únicamente desean el balón para poder convertir en gol la acción de ataque. Por otro lado, tampoco quieren sentirse aislados, a merced de los defensas; es decir, quieren tener libertad de movimientos pero, a la vez, tener la espalda cubierta, y esto forma parte de las funciones de los centrocampistas, que cuando están adelantados tienen que desempeñar atentamente esta función. Si el centrocampista no sabe aprovechar la ocasión de culminar el ataque, la susceptibilidad y el egoísmo del delantero pueden emerger inmediatamente.

La posición desde la que el centrocampista realiza el disparo está condicionada por el desarrollo de la acción. Pero en cualquier caso cuando toma la decisión de chutar a portería, tiene que asegurarse de que no hay ningún jugador de los que juegan en punta que está mejor situado que él.

Para subir a la zona de remate y poder aprovechar alguna ocasión de gol, el centrocampista tiene que plantear la jugada con rapidez y abandonar su posición en el centro del campo sin indecisiones, después de haber indicado a la defensa y a los compañeros de línea que lo cubran. Sólo así podrá constituirse en un punto de referencia claro para los delanteros. Resulta decisivo para el equipo seguir atentamente el desarrollo de la acción, porque si el centrocampista ha encontrado la posición adecuada, puede convertirse en el goleador del partido.

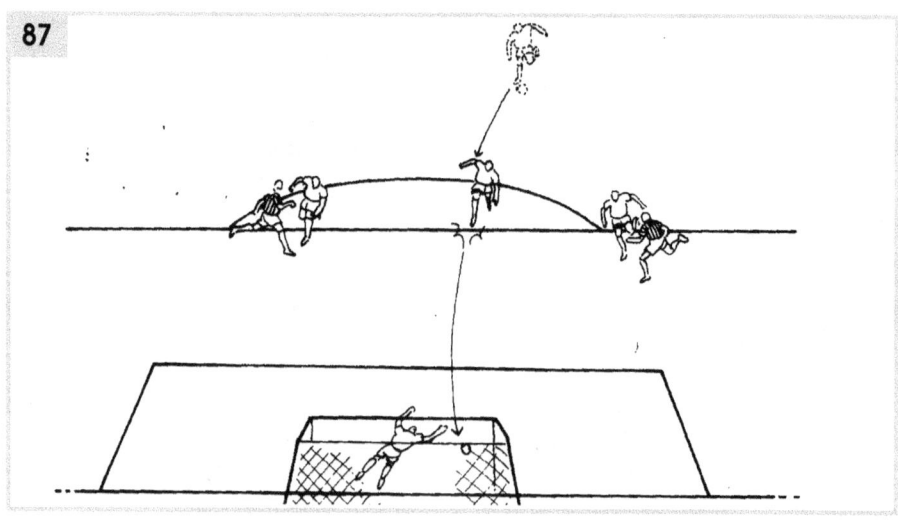

87

TÉCNICA Y TÁCTICA DEL CENTROCAMPISTA MODERNO

En esta circunstancia el centrocampista tendrá ocasiones para chutar a puerta, pero deberá elegir la mejor forma de concluir la jugada, sacando partido de sus recursos técnicos que se le suponen excelentes. Hay centrocampistas con unas características marcadamente ofensivas que siempre están dispuestos a subir al ataque, otros en cambio, tienen menos costumbre de llegar hasta el borde del área contraria, y deberán entrenar esta faceta del juego, así como el disparo a portería.

El centrocampista ha de tener presente siempre que la jugada puede concluir con un rápido despeje de la defensa adversaria, y con el ataque rápido de sus centrocampistas y delanteros. En tal caso, deberá volver a ocupar su demarcación de forma inmediata para poder ayudar a frenar esta acción del equipo contrario.

En la figura 88, puede observarse el movimiento del jugador del Inter y también de la selección francesa Youri Djorkaeff, un típico media punta con cualidades de realizador.

88

SISTEMAS DE JUEGO Y TÁCTICAS DE EQUIPO

Utilizar un sistema de juego significa, por parte del entrenador, seleccionar a los jugadores, valorar sus características técnicas y tácticas, aplicar el estilo de juego deseado y decidir la táctica específica que conviene aplicar. Para lograr los resultados deseados, todos los jugadores tienen que poner en práctica de forma eficaz las consignas que transmite el entrenador, tarea que para un centrocampista es todavía más ardua.

Si consideramos que el centro del campo realiza el papel de bisagra entre la defensa y el ataque, que es el canal por donde pasan todas las jugadas, ofensivas y defensivas, los centrocampistas son los que se encargan de *filtrar* el esfuerzo directo de los compañeros y de distribuir de forma equilibrada los balones, poniendo en práctica las tácticas indicadas por el entrenador y ensayadas.

Un equipo que sale con la etiqueta de favorito, no puede dejar de adoptar tácticas que le induzcan a un juego particularmente agresivo y de ataque, que busquen la victoria sin estar sometidos a excesivos riesgos defensivos. Y, al contrario, un equipo obligado a luchar para no perder, para no retroceder a los últimos puestos en la tabla clasificatoria, adoptará tácticas de juego más prudentes, con predominio de una buena cobertura defensiva, antes que de los aspectos ofensivos.

Estas diferencias, aparentemente elementales, condicionan el difícil trabajo de los centrocampistas. Ellos son quienes deben aplicar los sistemas que el entrenador considera más adecuados para alcanzar la meta establecida. Por consiguiente, el centrocampista deberá ser un jugador capaz de realizar su misión a la perfección, y al mismo tiempo deberá tener una enorme ductilidad mental para cambiar de táctica, si es necesario, mientras está jugando.

A los defensas y a los delanteros no se les suele pedir que vayan más allá de la aplicación del sistema de juego preparado, de la táctica conocida. En cambio, el centrocampista está obligado a compaginar las exigencias, las teorías y las enseñanzas del entrenador con el desarrollo del encuentro que se está disputando en aquel preciso momento. Por lo tanto, es fundamental que la línea del centro del campo tenga un buen repertorio táctico y capacidad para ponerlo en práctica.

SISTEMAS DE JUEGO Y TÁCTICAS DE EQUIPO

El centrocampista debe ser capaz de luchar en el centro del campo quizás con tres compañeros más o sólo con dos en ocasiones, y también de marcar al hombre y en zona, de plantear un juego de contragolpe, o de aguantar la posesión del balón hasta la desesperación de los adversarios.

Cada partido tiene su propia historia y tiene que saberse leer tácticamente y con rapidez. De ello se encarga el centrocampista, jugador hábil desde el punto de vista técnico y táctico.

En la figura 89, puede verse al jugador del Parma y de la selección italiana Dino Baggio, uno de los centrocampistas italianos más hábiles en el aspecto táctico.

El marcaje al hombre en el centro del campo

Con respecto a hace unos años, los marcajes se han hecho más variables. Hoy en día ya casi nunca se marca al hombre durante los noventa minutos del encuentro (sólo se hace en casos excepcionales, cuando en el equipo contrario milita algún superclase al que no se le puede dejar espacios para realizar la más mínima maniobra); actualmente los entrenadores quieren practicar un fútbol que se adapte a las exigencias del momento.

A lo largo del desarrollo de un partido, no faltará la ocasión de tener que efectuar un marcaje al hombre, pero el centrocampista no puede desentenderse de lo que hoy en día es una norma común en todos los equipos de fútbol: el marcaje al hombre depende siempre de la zona que se está controlando.

Está claro que el marcaje al hombre por parte de un centrocampista es una disposición especial, a la que se recurre en momentos concretos, según las exigencias tácticas del partido.

Para llevar a cabo esta disposición táctica se requiere agresividad, sentido de la anticipación, capacidad para no dejarse arrastrar fuera de la zona y sentido de la colocación. En el marcaje al hombre, el centrocampista intentará colaborar con el trabajo de la defensa, ayudando a sus integrantes

LECCIONES DE FÚTBOL: EL CENTRO DEL CAMPO

90

a recuperar la posición y, al mismo tiempo, a contener al adversario.

Como ya hemos dicho, su marcaje finaliza cuando el adversario entra en una zona de campo controlada por otro jugador, que previamente se había encargado de doblar a la defensa y que luego asume un control más directo del jugador rival.

En la figura 90, se observa como dos centrocampistas se disputan el control del balón, una situación que es muy frecuente cuando se realizan marcajes al hombre, ya que el espacio a disposición es más reducido.

Sin embargo, en un fútbol cada vez más *total*, el centrocampista no puede desentenderse del marcaje al hombre en otras zonas del campo. Puede ocurrir que un centrocampista baje hasta la defensa, dispuesto a intervenir doblando el marcaje sobre alguno de los adversarios, y, en los lanzamientos de falta, preparado para marcar al jugador contrario que le corresponda.

En la figura 91, se observa a un centrocampista realizando un trabajo de marcaje al hombre; tal como puede verse tiene que saber contener el ritmo de la acción del rival, controlándolo desde cerca.

91

El marcaje zonal en el centro del campo

Realizar un marcaje en zona significa imponer la supremacía en un determinado sector del campo. Hoy en día es el sistema de marcaje más utilizado en todo el mundo, y constituye la base defensiva más lógica.

Los centrocampistas también participan activamente en esta tarea.

SISTEMAS DE JUEGO Y TÁCTICAS DE EQUIPO

Saben que durante los 90 minutos que dura el partido deberán encargarse de un adversario en concreto, pero, al mismo tiempo, saben que deberán seguir los movimientos de cualquier otro jugador que entre en su área de influencia.

Esto significa que en la fase defensiva la responsabilidad del centrocampista se limita a seguir a su jugador sólo cuando entra en contacto directo, en su zona.

En la figura 92, puede verse como un centrocampista espera en su zona a que el adversario se aproxime para marcarlo directamente.

Los sistemas no deben aplicarse con rigidez: el centrocampista que marca a un adversario que está en posesión del balón deberá continuar el marcaje incluso fuera de la zona que le compete directamente, hasta que no llegue la ayuda de un compañero.

Para realizar con éxito este tipo de marcaje se requiere la colaboración permanente de los demás compañeros de línea y también de los defensas, de manera que los jugadores puedan cambiar sus posiciones, es decir, cambiar de zona según las exigencias del juego.

Para los centrocampistas, el marcaje en zona ha constituido una especie de liberación de los marcajes estrechos, asfixiantes, propios de las tácticas que se basan en la vigilancia individual, pero con el paso de los años, el marcaje en zona ha evolucionado de manera que ha tenido que aumentar el esfuerzo del centrocampista en este tipo de vigilancia.

Hoy en día, un centrocampista que quiera ser un buen jugador no se limita exclusivamente a marcar al adversario a distancia, sino que también le entra *(tackle)*, dobla a los defensas y hace *pressing*.

92

LECCIONES DE FÚTBOL: EL CENTRO DEL CAMPO

93

En la figura 93, el centrocampista que marca en zona obliga al adversario a perder la vertical hacia el marco, impidiéndole avanzar.

El juego a la italiana y el contragolpe

A lo largo de la historia centenaria del fútbol, el denominado *fútbol a la italiana* y el control aparentemente pasivo del juego ha logrado grandes éxitos y, pese a las críticas encarnizadas que ha recibido, ha sido uno de los sistemas más empleados y rentables.

En el juego a la italiana y en el contragolpe, el centrocampista ha tenido una función muy precisa, la de hacer de verdadero puente entre la defensa y el ataque.

La misión que se le ha encomendado es actuar como bisagra entre las distintas líneas, la de ser un jugador que cambia el ritmo del equipo mediante una jugada que, por encanto, pasa de ser lenta, casi parada y aparentemente pasiva, a ser agresiva y rápida, apoyada en pocos pases y vertical.

Precisamente este tipo de juego, especulativo cuando el adversario ataca y por consiguiente arriesgado, ha favorecido siempre al buen centrocampista, que es un jugador que atesora una técnica superior a la media y —precisamente gracias al ahorro de energía que le aporta su calidad técnica— brillante y fresco desde el punto de vista atlético, lo que le permite efectuar pases de cuarenta metros a un delantero rápido e incisivo, capaz de jugar sólo en el centro de la defensa contraria que está desguarnecida: es el clásico contragolpe.

El contragolpe ha constituido una especie de arma secreta en manos de los centrocampistas italianos, organizado mediante un medio defensivo, de corte, un marcador duro y

SISTEMAS DE JUEGO Y TÁCTICAS DE EQUIPO

un peón capaz de sacrificarse por la causa del organizador de juego. Este último tiene la dificilísima tarea de resolver el partido sólo con aquellas pocas jugadas rápidas que logra construir, imprevistamente, cambiando la acción del juego de una mitad de campo a la otra.

Hoy en día este juego ha experimentado bastantes modificaciones, aunque todavía mantiene sus bases, debido principalmente a la brillantez de los centrocampistas capaces de marcar las diferencias.

El fútbol total

Al centrocampista de nuestros días, además de tener buenos fundamentos técnicos y una capacidad mental excepcional, se le pide que tenga una preparación física específica para la carrera y para realizar entradas. El fútbol actual que se basa bastante en las cualidades físicas de los jugadores, no puede prescindir de un mediocampo robusto, formado por jugadores de nivel atlético superior al de los jugadores que desempeñaban este papel años atrás.

Todavía sigue siendo válido el concepto según el cual no es la potencia física la que hace bueno a un futbolista y a un centrocampista en particular. Pero también es verdad que la velocidad del futbolista actual, las tácticas que exigen a los jugadores cada vez mayores responsabilidades y la mayor importancia que se da al juego colectivo respecto a las proezas individuales, han modificado los requisitos físicos del centrocampista ideal, así como también sus características técnicas y tácticas.

94

En la figura 94, el centrocampista del Juventus Alessio Tacchinardi; este jugador representa el prototipo por excelencia de jugador moderno, debido a su polivalencia.

En el fútbol total (expresión aplicada por primera vez a la salección holandesa de los años setenta, conocida como *la naranja mecánica* y que hoy se aplica universalmente), son los once jugadores los que ganan o pierden, ya que el fútbol es un juego de equipo, e incluso las hazañas individuales más excepcionales tienen que ser el resultado final de una acción lo más colectiva posible.

Es un tipo de fútbol que implica un enorme desgaste de los jugadores, pero que ha mejorado la espectacularidad de este deporte. Gran parte de las mejoras tácticas han sido posibles gracias a la ductilidad de los centrocampistas, además naturalmente de la buena preparación de los nuevos técnicos.

En efecto, las características propias del centrocampista le permiten

LECCIONES DE FÚTBOL: EL CENTRO DEL CAMPO

adaptarse a las innovaciones antes que los jugadores de las otras líneas. El fútbol total ha puesto de relieve las cualidades del centrocampista, y en especial el altruismo y la generosidad de su juego. Fue difícil pasar de un fútbol que hoy en día definiríamos como estático, pero que era el máximo nivel de juego posible en la época, a un fútbol atlético, menos técnico y muy propenso al sacrificio individual en beneficio del equipo.

Por ejemplo, el «número 10» clásico experimentó un importante replanteamiento en la primera fase del cambio de una época a otra, y los extremos tradicionales todavía hoy están sufriendo un recorte en la espectacularidad de su juego.

Sin embargo, el «10» se ha convertido en una de las estrellas de los equipos actuales, y los extremos representan el engranaje indispensable de un mecanismo que no puede prescindir del empuje de las bandas.

En la figura 95, puede verse como el fútbol total necesita la ayuda defensiva y el *pressing* en todas las zonas del campo, incluso en el área de castigo contraria.

95

LOS ESQUEMAS DE JUEGO DESDE LOS ORÍGENES HASTA NUESTROS DÍAS

La figura del centrocampista ha evolucionado con el paso del tiempo a causa de los distintos planteamientos tácticos empleados. Desde los primeros esquemas rudimentarios, consistentes en un guardameta y diez jugadores colocados en la misma línea, se ha llegado a nuestros días, a la enorme diferenciación de roles y de juego que todos conocemos.

Defensas y centrales, centrocampistas y organizadores de juego, jugadores de media punta y centrocampistas exteriores, todos ellos son fruto de la historia y de la evolución táctica del fútbol a lo largo de más de cien años.

En el fútbol moderno, en el que no pocas veces algunos equipos intentan construir la acción con lanzamientos largos desde la defensa por encima del centro del campo, la línea de mediocampistas sigue siendo uno de los bastiones de juego más importantes.

La evolución táctica empezó con un primitivo e ingenuo esquema 1-10 (figura 96) que se aplicó en los albores del fútbol británico y no contemplaba pases entre los compañeros de equipo, que se disponían todos en la línea central: el jugador que controla-

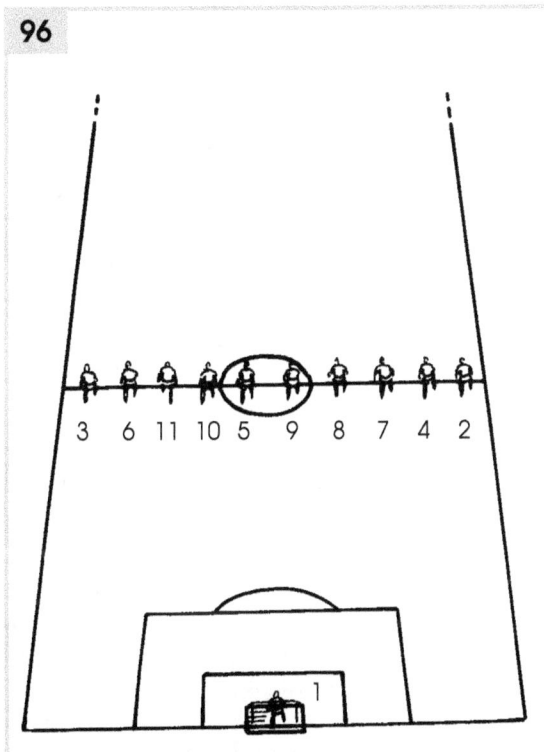

ba el balón avanzaba hasta que un jugador del equipo contrario se lo arrebataba. Su evolución siguió hasta llegar a los modernos esquemas de 4-4-2, 4-3-3, 3-5-2, 3-4-3, etc. (no se tiene en cuenta al portero, en esta presentación de las posibles tácticas), en los que la figura del centrocampista es la columna vertebral de toda acción defensiva y ofensiva.

El método

Con esta táctica de juego nacida a finales del siglo XIX y difundida en todo el mundo, aunque hoy en día está ya muy superada, el equipo otorga al centrocampista un papel muy importante y determinante en el desarrollo del juego. El «número 5», representa el jugador que realiza la articulación de todas las jugadas, el organizador de juego en el sentido más clásico del término. Él es quien inicia todas las acciones, y al mismo tiempo este defensa es el último hombre del centro de campo a superar, antes de llegar al corazón de la defensa.

En pocos años el central se convierte en el elemento fundamental, en el más importante, precisamente por la capacidad de arrastrar al equipo y por calidad técnica que lo caracteriza. Todas las jugadas parten de él, con pases en profundidad y con pases en horizontal en la zona central del terreno de juego. A él miran los defensas cuando han robado el balón, y los delanteros esperan su pase magistral para intentar batir la portería contraria.

Con el método predomina el juego en zona, pero la lentitud de los movimientos colectivos motivó su declive. En la época de máximo auge del método, la selección de Uruguay se proclamó campeona olímpica y mundial entre los años veinte y treinta, en tanto que en Europa los mejores representantes

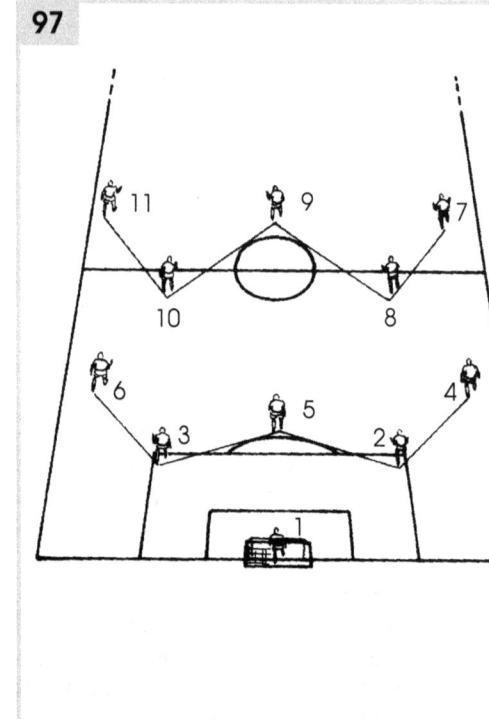

97

de esta táctica fueron Austria, Hungría, la antigua Checoslovaquia e Italia, que obtuvo victorias históricas como dos campeonatos del mundo y unos juegos olímpicos entre 1934 y 1938.

En cambio, Inglaterra abandonó el método en los años veinte, para adoptar una táctica de juego que dominaría hasta mediados los años cincuenta y que sustituiría por completo a la vieja escuela; se trataba del *sistema*.

En la figura 97, puede verse el esquema propio del método: el central (número 5) era el motor del equipo, mientras que los (números 2 y 3) eran dos defensas fijos y los laterales (números 4 y 6) marcaban a los extremos contrarios.

LOS ESQUEMAS DE JUEGO DESDE LOS ORÍGENES HASTA NUESTROS DÍAS

El sistema

En los años veinte, época en que el fútbol se asentaba en todo el mundo y se jugaba con el método, en Inglaterra se concibió una nueva táctica de juego, denominada *sistema*.

En el nacimiento del sistema incidieron las nuevas reglas del fuera de juego, que aportaron más velocidad al fútbol, respecto al período en que se jugaba con el método, e impusieron un cambio táctico.

A diferencia del método, que otorgaba al central las funciones de organizador de juego, el sistema lo transformó en un defensa propiamente dicho, mientras que el centro del campo pasaba a estar controlado por cuatro jugadores, dos medios y dos volantes. El papel de organizador del juego se delegaba en uno de los medios volantes, mientras que el otro hacía de enlace entre los centrocampistas y las puntas.

En defensa, los dos jugadores, que en el método jugaban en zona casi como dos *centrales* actuales, ensancharon su radio de acción hasta las bandas para marcar al hombre en los extremos del equipo contrario.

Esto representó una revolución y dividió el mundo del fútbol. Por una parte, estaban los equipos que siguieron con el método y por otra los que adoptaron el sistema, como Inglaterra en primera instancia y los países escandinavos más tarde.

La función que desempeñaba el central en el método estaba condenada a desaparecer, pero las nuevas figuras que surgieron en el centro del campo constituyeron una línea más homogénea que se organizaba como un cuadrilátero, con dos medios de enlace y de cobertura por detrás de dos medios volantes.

El sistema se convirtió en la táctica dominante hasta que aparecieron los húngaros, en la primera mitad de los años cincuenta, que partiendo de esta táctica elaboraron un juego muy veloz y técnico. Pero Hungría fue un caso aparte, y el sistema, en todas sus variantes, obtuvo mucho éxito hasta finales de los cincuenta.

En la figura 98, puede verse la aplicación del sistema: con su implantación, los interiores (números 2 y 3) se trasladaron hasta los laterales para marcar a los extremos, el defensa central (número 5) se convirtió en el tercer defensa y el centro del campo se transformó en un cuadrilátero.

98

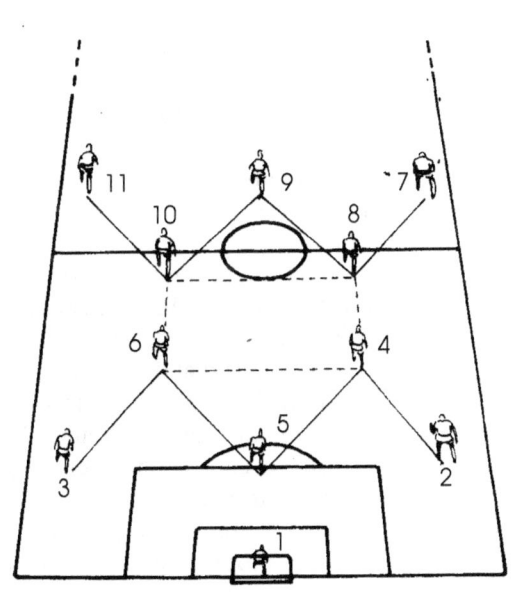

 **LECCIONES DE FÚTBOL: EL CENTRO DEL CAMPO**

El juego a la defensiva

A finales de los años treinta nació en Suiza el sistema de juego a la defensiva llamado *catenaccio*, o también *verrou* en francés, una táctica que consiste en realizar un juego de espera, pasivo, extremadamente defensivo para intentar contener el juego ofensivo de equipos que sobre el papel son más fuertes.

El equipo en teoría más débil renunciaba al ataque, y acumulaba en zonas atrasadas más defensas y centrocampistas. En el centro del campo, al menos uno de los dos extremos hacía labores defensivas, partiendo de su propia área en donde debía colaborar en los marcajes.

En ataque solía haber sólo un delantero centro, adelantado en campo contrario, esperando un envío largo o un despeje de la defensa.

La misión de los centrocampistas consistía en hacer de filtro en una zona previa a la ocupada por la línea defensiva, destruyendo en la medida de los posible el juego de los adversarios y enviando balones rápidamente hacia las puntas. En Italia, país en el que esta táctica de juego se desarrolló con más éxito, el primer equipo en adoptarla fue el Inter, que logró dos campeonatos de liga consecutivos a principios de los años cincuenta.

Del *catenaccio* al denominado *fútbol a la italiana* el paso fue breve, sólo hubo que añadir al gran trabajo defensivo el contragolpe y el cambio de ritmo imprevisto. Los rivales gozaban de una mayor posesión del balón, de modo que el equipo que adoptaba esta táctica disponía de contadas ocasiones pero a menudo decisivas.

99

La evolución y la práctica perfeccionada de este sistema, un juego de espera y contragolpe, proporcionó muchos éxitos a Italia hasta la época de Bearzot, que aprovechando las ventajas del marcaje en zona en el centro del campo y las del marcaje al hombre en la defensa, logró un campeonato mundial en 1982 en España.

Con anterioridad, algunos clubes italianos habían vencido en competiciones internacionales utilizando el contragolpe y el *catenaccio*, como por ejemplo el Inter y el Milán en los años sesenta, basando su juego en la calidad de centrocampistas completos como Sandro Mazzola y Gianni Rivera.

En la figura 99, el esquema del *catenaccio*, que coloca un medio

LOS ESQUEMAS DE JUEGO DESDE LOS ORÍGENES HASTA NUESTROS DÍAS

(número 6) en la defensa y un extremo (número 7) cubriendo toda la banda, incluido la de su propio campo. En algunos casos los dos extremos (números 7 y 11) desempeñan este trabajo de cobertura, y el ataque se reduce a un solo hombre.

El 4-2-4

Es una táctica de juego bastante atípica y poco utilizada en la historia del fútbol, pero que tuvo su momento de auge a caballo entre los años cincuenta y sesenta. Fue desarrollada por la selección de Brasil, entrenada por Vicente Feola, que logró dos campeonatos del mundo, en 1958 y en 1962. Sin embargo, este esquema se ha interpretado erróneamente: en realidad el equipo brasileño, que contaba con estrellas como Pelé, Garrincha, Didí o Zagalo, jugaba con un 4-4-2 (véase página 104), pero su enorme potencial de ataque hacía que dos centrocampistas se integraran en la delantera cuando el equipo atacaba. El centro del campo quedaba cubierto por el medio Zito y el extremo izquierda Zagalo, mientras que Didí y Pelé se convertían en atacantes por detrás del delantero centro Vavá y del extremo derecho Garrincha.

Este esquema de juego se podía aplicar porque el entrenador contaba con jugadores de una calidad extraordinaria. Ningún otro equipo se ha atrevido a adoptar abiertamente este sistema, contentándose con el 4-4-2, más tradicional pero que presenta menos riesgos.

En aquella selección de Brasil no podemos olvidar la calidad extraordinaria de la línea de mediocampo, formada por el medio Zito, el organizador de juego Didí, el volante Zagalo y el «10» Pelé, todos ellos verdaderos artistas del balón y con capacidad para resolver individualmente el partido a la primera ocasión que se presentará, o en cuanto el equipo rival tuviera un despiste.

Nunca más se ha visto un centro del campo de tanta calidad, aunque el equipo que Brasil presentó en el mundial de 1982 se le aproximó, con un centro del campo formado por Cerezo, Falçao, Zico y Sócrates, hasta el punto de obligar a que un medio puro de enorme clase como fue Junior tuviera que jugar de interior.

Sin embargo no tuvieron un Pelé capaz de resolver el partido en cualquier momento, y la selección italiana de Bearzot acabó imponiéndose finalmente en aquel mundial al equipazo brasileño.

El 4-3-3

Influenciados por el sistema que hizo campeona a la selección brasileña de Feola, muchos entrenadores intentaron distribuir los jugadores en el terreno de juego de una forma más homogénea.

El 4-3-3 fue uno de los sistemas más utilizados en los equipos de todo el mundo, pero para lograr resultados importantes con un esquema de juego tan arriesgado, se necesitaba contar con grandes figuras en todas las líneas.

En realidad este sistema nunca se ha abandonado completamente, aunque en los años sesenta casi todos los equipos europeos adop-

LECCIONES DE FÚTBOL: EL CENTRO DEL CAMPO

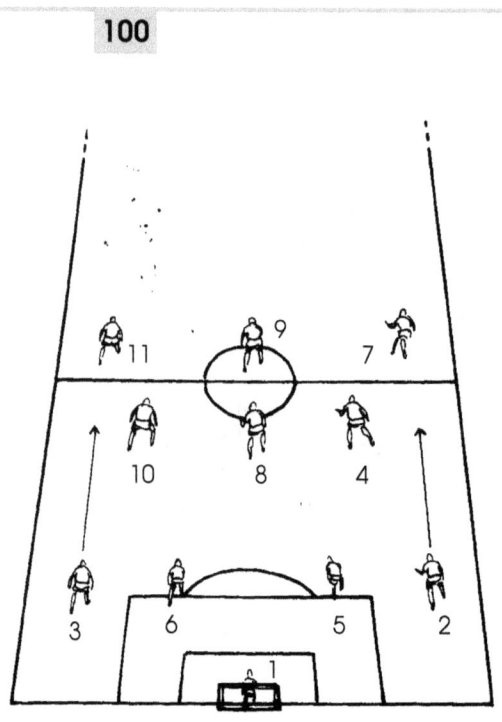

100

taron esquemas más prudentes y menos arriesgados en defensa, por ello el 4-3-3 quedó como patrimonio de algunos equipos sudamericanos que practicaban un juego muy ofensivo, utilizando dos extremos rápidos y técnicos, junto a un centro del campo casi siempre formado por un organizador de juego de gran clase y dos medios muy fuertes físicamente. De todos modos, la falta de éxitos también hizo que los equipos sudamericanos adoptaran sistemas de juego más prudentes, en los que destacaba siempre la técnica de un jugador en concreto, y en los que la línea de centrocampistas podía realizar una adecuada cobertura a la defensa con cuatro hombres.

No obstante, en los últimos años se ha vuelto a aplicar este esquema, con la idea de practicar un juego cada vez más rápido y basado en los marcajes en zona, estimulado por los tres puntos que se logran por la victoria, hecho que ha modificado la mentalidad de muchos equipos, más dispuestos a arriesgar para vencer y a no conformarse con el empate. En cualquier caso, la evolución del juego ha propiciado que muchos equipos empiecen el partido con un 4-3-3, para luego cambiar el esquema, a medida que transcurren los minutos y se modifican las circunstancias del juego.

En la figura 100, puede observarse el esquema ofensivo que prevé el 4-3-3; la falta de un centrocampista se compensa con el avance de los dos laterales (números 2 y 3).

El 4-4-2 y el 4-5-1

Uno de los esquemas de juego más clásicos de la historia del fútbol, más equilibrado y menos descompensado delante, es el 4-4-2. No en vano con el 4-4-2 han jugado equipos que adoptaban el método, el sistema, la defensa al hombre y en zona.

En términos globales esta es la forma más natural de disponer un equipo en el campo, con cuatro defensas, cuatro centrocampistas y dos jugadores en punta. El equilibrio de un equipo que juega con esta disposición se basa en prestar una mayor atención a la defensa. Cuando el equipo se mueve hacia delante, uno o dos jugadores pueden situarse cerca de los puntas, mientras que los laterales suben hasta el centro

LOS ESQUEMAS DE JUEGO DESDE LOS ORÍGENES HASTA NUESTROS DÍAS

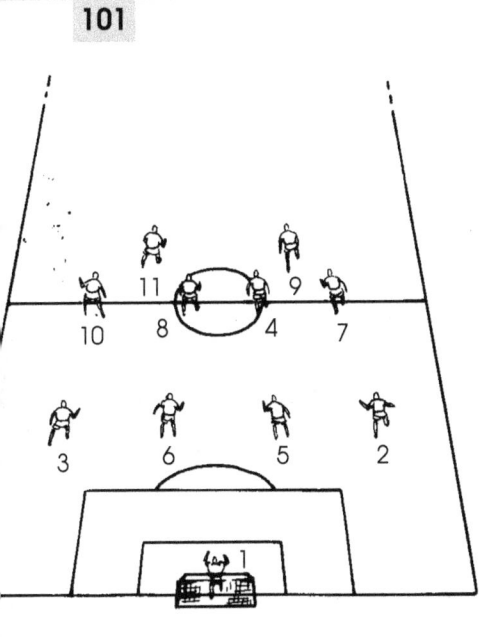

101

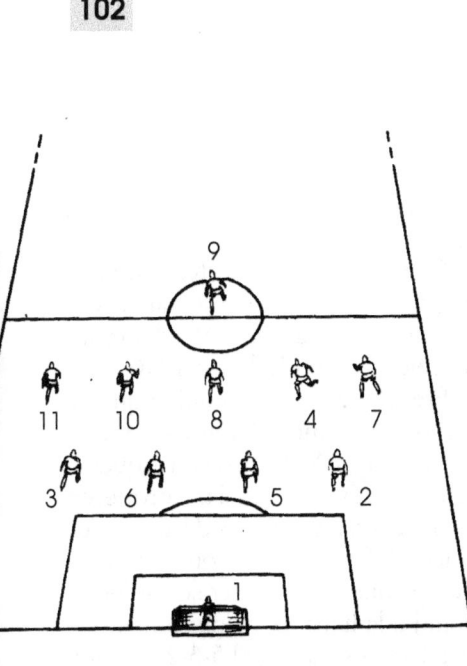

102

del campo. Pero, en este caso, el equipo sigue quedando suficientemente cubierto.

Con el sistema 4-4-2 han jugado muchos equipos en todas las épocas y en todos los continentes, pero encontrar un equipo concreto que haya hecho de este esquema un ejemplo para los demás sería una empresa inútil.

Hoy en día, muchos equipos utilizan todavía el 4-4-2 como sistema de juego, pero cada vez son menos los equipos ambiciosos que juegan así, puesto que prefieren esquemas más arriesgados, por ello se puede considerar que este sistema está prácticamente en desuso, aunque continúa siendo una de las bases en las que se insiste con los jóvenes que aprenden las tácticas elementales.

En el hecho de que haya dejado de utilizarse ha influido notablemente la regla que concede tres puntos por victoria: el empate parece no interesar mucho y, por ello, actualmente se tiende a arriesgar más para buscar la victoria. En este sentido, el 4-4-2 es un esquema demasiado prudente y poco adecuado para lograr este objetivo.

En la figura 101, el esquema con el 4-4-2 muestra que hay un hombre menos en punta que con el sistema 4-3-3 y que un extremo, el número 7, pasa a actuar como un centrocampista más.

En la figura 102, se observa el esquema del 4-5-1, que como se puede notar es simplemente una variación aún más prudente, netamente defensiva, del 4-4-2: el otro extremo también renuncia a jugar en punta y se retrasa para reforzar el centro del campo.

LECCIONES DE FÚTBOL: EL CENTRO DEL CAMPO

103

104

El 5-3-2 y el 3-5-2

Son dos sistemas que se fusionan entre sí dentro de un mismo partido. En un fútbol como el actual en el que existe una clara tendencia a utilizar esquemas tácticos mixtos, es el ejemplo más frecuente y más fácil de entender, de cómo se modifica sobre la marcha la disposición en el campo.

En la figura 103, el observa la disposición en el sistema 5-3-2, un esquema aparentemente defensivo pero de gran ductilidad: en efecto, al atacar se convierte casi siempre en un agresivo 3-5-2, gracias a la subida de los laterales (números 2 y 3), tal como se ve en la figura 104.

El 5-3-2 ha sido el sistema utilizado por la selección de Alemania vencedora en el Campeonato del mundo celebrado en Italia en 1990.

Precisamente es un equipo que ha jugado con cinco defensas durante muchos años. Se trata de un esquema prudente en apariencia, porque en realidad, en las acciones de ataque los cinco defensores se convierten en tres, ya que los dos laterales se incorporan a la línea de mediocampo. De esta forma se pasa del 5-3-2 al 3-5-2.

LOS ESQUEMAS DE JUEGO DESDE LOS ORÍGENES HASTA NUESTROS DÍAS

Esta disposición en el campo no cambia cuando el equipo contrario recupera la posesión del balón, pero se mantiene dentro de su propio campo y no supera la línea central con pases verticales. En esta circunstancia el equipo permanecerá en una disposición de 3-5-2.

Este esquema de juego, que tan buenos resultados da, se basa en la elasticidad entre la defensa y el centro del campo y en la capacidad de aprovechar las ocasiones de contragolpe, pero se considera menos ofensivo que el 4-3-3 y que el 3-4-3 que se está imponiendo en estos últimos años.

El 3-4-3

La necesidad creciente de desarrollar un juego de ataque, para buscar los tres puntos que se conceden por la victoria, está haciendo que aparezcan variantes de los esquemas ofensivos como el 4-3-3 o el clásico 4-4-2. Hasta ahora el esquema que ha sido considerado como el más ofensivo es el 3-4-3. Un defensor menos que pasa a reforzar el centro del campo, manteniendo inalterado el número de atacantes.

En un principio puede parecer un esquema de juego tan arriesgado que difícilmente podría conducir al equipo a la victoria, pero en la realidad, muchos equipos han demostrado que saben defender igual o mejor que los equipos con cuatro defensas fijos, ya que de hecho con este sistema, uno de los centrocampistas es un

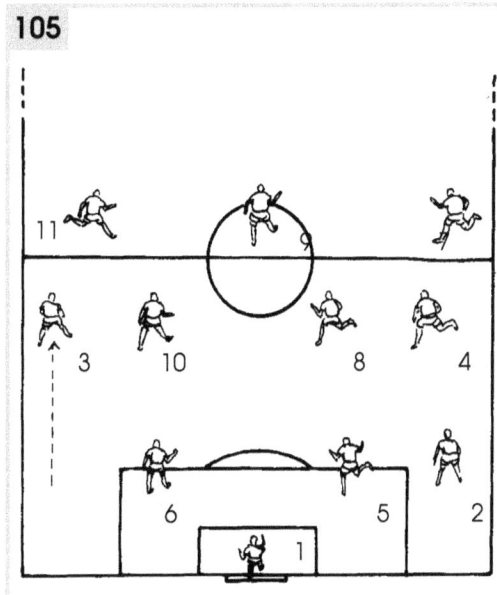

105

lateral capaz de jugar con opciones en el centro del campo, y dispuesto a bajar para defender cuando el balón está en poder del equipo contrario.

La confirmación de que este esquema empieza a tener éxito y seguidores, es que se ha visto ya alguna tímida tentativa de ir más allá en lo que se refiere a capacidad ofensiva.

En este sentido, se ha observado un 3-3-4, aunque por ahora todavía a título experimental.

En la figura 105, se observa la disposición de los jugadores en el esquema del 3-4-3, que se está imponiendo cada vez más en el fútbol moderno: un lateral (el número 3) juega más adelantado que el resto de los jugadores de la defensa, con lo cual se incrementa el número de centrocampistas.

EL ENTRENAMIENTO TÉCNICO Y TÁCTICO DEL CENTROCAMPISTA

Además de los ejercicios convencionales de entrenamiento, comunes para los jugadores de todas las líneas, en la preparación del centrocampista tiene un especial tratamiento el aspecto táctico, sin abandonar la técnica de base. La finalidad será mejorar ambos aspectos simultáneamente.

Algunos ejercicios tienen como objetivo mejorar el control y la recepción del balón con las distintas partes del pie y del cuerpo, otros servirán para mejorar la potencia y la precisión en los pases —después de un control, al primer toque, con un pase largo en profundidad, de volea, etcétera—, el tiro a puerta, el remate de cabeza o las entradas (que en este libro no tratamos porque son acciones más propias de defensas y delanteros; en cualquier caso remitimos el lector a los correspondientes volúmenes de esta colección, para este como en general para cualquier otro aspecto que no haya sido analizado detalladamente).

Todos ellos son ejercicios que se realizan individualmente o en grupo y que deben trabajarse con continuidad, a ser posible a diario, para que el jugador y el equipo lleguen a estar perfectamente familiarizados con todas las circunstancias que pueden producirse a lo largo de un encuentro de fútbol.

Para practicar algunos ejercicios es indispensable la participación de los compañeros de línea; ello permite memorizar las características técnicas y tácticas, obteniendo un entendimiento clave para lograr grandes éxitos.

A este respecto conviene destacar la importancia que tienen los partidillos de entrenamiento: no hace falta que sean necesariamente de once jugadores contra once; lo más recomendable es que se dé la máxima variedad de situaciones tácticas que permitan preparar todas las circunstancias que puedan presentarse en un partido real.

Los ejercicios propuestos a continuación constituyen sólo una pequeña parte de las muchas soluciones de entrenamiento técnico y táctico que pueden encontrarse, pero son imprescindibles para mejorar el juego de conjunto y la capacidad individual y para resolver cada una de las acciones, ya que permitirán obtener buenos resultados en el difícil puesto de centrocampista.

EL ENTRENAMIENTO TÉCNICO Y TÁCTICO DEL CENTROCAMPISTA

El control del balón

Al referirnos al control del balón, entendiéndolo como la capacidad que tiene un jugador para dominar el esférico con seguridad y una cierta elegancia, es obligado recomendar, especialmente al jugador joven, que haga los clásicos ejercicios de *peloteo* (figura 106), que deberán ser realizados con ambos pies, incluso de forma alternativa (aunque las variaciones son muchas y todas ellas válidas: pie-cabeza, muslo-pie, etc.).

Es un ejercicio indispensable para adquirir tacto, elasticidad y equilibrio en los movimientos.

Una de las habilidades que necesita dominar principalmente el jugador del centro del campo es la de saber conducir el balón hacia delante o lateralmente con absoluta seguridad («pegado a los pies») y a ser posible sin cometer el error de mirarlo (fig. 107), sino manteniendo la cabeza alta para poder observar lo que ocurre en el campo (figura 108). De este modo, el centrocampista estará siempre en condiciones de elegir la mejor opción de juego en cada momento del partido.

 LECCIONES DE FÚTBOL: EL CENTRO DEL CAMPO

EL ENTRENAMIENTO TÉCNICO Y TÁCTICO DEL CENTROCAMPISTA

Se pueden trabajar cuatro formas de llevar el balón controlado:

— con la parte interior del pie (figura 109), tocando el balón con el punto correspondiente al dedo pulgar del pie;
— con la parte exterior (figura 110), tocando el balón con el punto correspondiente a los dedos externos del pie;
— con el empeine (figura 111), sobre todo cuando la acción se desarrolla con velocidad;
— con la planta (figura 112), cuando se debe jugar en espacios muy reducidos.

Uno de los ejercicios más eficaces consiste en llevar el balón sorteando conos que han sido dispuestos en línea (figura 113) o en eslalon (figura 114). De este modo el centrocampista aprenderá a desplazarse lateralmente en ambos sentidos sin perder el control del balón y tocándolo con el exterior y el interior del pie.

Más adelante, cuando el jugador ya posea la suficiente técnica individual, los obstáculos fijos serán sustituidos por obstáculos móviles, es decir por otros jugadores que intentarán dificultar los movimientos del centrocampista; este ejercicio es ideal para mejorar la técnica del regate.

LECCIONES DE FÚTBOL: EL CENTRO DEL CAMPO

Si el jugador se esfuerza en la realización de estos ejercicios y los practica con asiduidad, la mejora del nivel técnico será segura. Simultáneamente mejorará también la visión del juego, la movilidad, el equilibrio del cuerpo y, en consecuencia, la capacidad de saber aprovechar las situaciones imprevistas, que el centrocampista debe saber atrapar al vuelo.

Llegados a este punto podríamos pensar que lo más importante ya está hecho, pero sin embargo este es sólo el inicio de la preparación del centrocampista. Saber llevar el balón con rapidez y seguridad, sin mirarlo, es ya un pequeño éxito, pero no es suficiente.

La recepción

Veamos otra de las cualidades individuales que debe dominar cualquier jugador —y el centrocampista en particular— para que sus intervenciones sean de utilidad para el equipo: saber detener y quedarse el balón a la perfección, tanto al interceptar una jugada del equipo contrario como al recibir un pase.

Hay varias formas de llevar a cabo este gesto técnico.

La recepción, siempre con la condición de amortiguar al máximo el impacto, se puede efectuar con distintas partes del pie, colocándolo con suavidad y orientando la pierna bien flexionada en dirección al balón, para absorber su fuerza y hacer que se quede cerca del pie, a fin de jugarlo inmediatamente.

La forma más común de detener un balón es utilizar el interior del pie, tanto si el esférico llega a ras de suelo, o por debajo de la rodilla (figura 115), como si llega a bote-pronto o por arriba y tanto si el jugador está parado como si en carrera.

Esta es la forma de recepción del balón más utilizada porque la mayoría de las situaciones de juego suelen propiciar este tipo de intervención.

115

Otra forma de parar el balón es utilizar el empeine (figura 116), aunque es más difícil que la anterior porque la superficie de contacto es menor. Requiere practicar mucho en los entrenamientos, ya que hace falta coordinar muy bien el movimiento de la pierna para recibir el balón que llega (generalmente por alto),

EL ENTRENAMIENTO TÉCNICO Y TÁCTICO DEL CENTROCAMPISTA

sin dejar de calcular la distancia con los adversarios para no perder el balón en el momento de dejarlo «dormido» en el suelo.

Es una de las acciones que más gustan al público porque requiere elegancia en los movimientos y es de una gran espectacularidad, pero, en cambio, conlleva la dificultad de ser una técnica menos segura que otras.

Por lo tanto, sólo debe ejecutarse cuando no hay cerca jugadores del equipo contrario y se tiene la seguridad de que se puede realizar sin riesgo de cometer un error: un balón mal detenido rebota lejos, y se escapa al control del jugador (figura 117).

Otra forma de recepción del balón, segura y de fácil ejecución, se realiza con la planta del pie (figura 118), a condición de que el balón llegue a ras de suelo y no lleve una

velocidad excesiva; en caso contrario existe el riesgo de no poder controlarlo.

También se pueden utilizar para realizar el control del balón dos partes más del pie: el exterior y el tacón, aunque sólo en unas condiciones muy determinadas.

Con la parte exterior del pie (figura 119) se detiene un balón cuando se quiere modificar la dirección de su trayectoria en presencia de un marcador.

El balón detenido de tacón es más difícil de controlar. Esta técnica se utiliza como un recurso límite, motivado quizás por un pase corto con respecto a la posición del jugador, es decir impreciso ya desde su origen.

No se trata de una técnica propiamente dicha para parar y controlar el balón, sino más bien de un movi-

los pies, o con el pecho, si llega a media altura.

En ambos casos se requiere siempre mucha coordinación entre las distintas partes del cuerpo.

Tanto si se controla con el muslo como con el pecho, el cuerpo debe absorber el impulso del balón sin ningún temor.

La pierna se levanta hasta formar un ángulo recto y se baja justo en el momento en que entra en contacto con el balón. De esta manera puede absorber todo el impulso que lleva (figura 120).

Con el pecho la técnica tiene un mismo fundamento: los brazos se extienden hacia delante y se abren, la espalda se arquea hacia atrás y el pecho se adelanta, de manera que se pueda retrasar en el momento del contacto (figura 121) para dejar el balón «dormido» en el suelo.

miento ingenioso para frenar el avance del balón o para enviarlo a otro compañero.

Cuando el balón llega por alto también se puede parar con el muslo, dejándolo caer a continuación hacia

EL ENTRENAMIENTO TÉCNICO Y TÁCTICO DEL CENTROCAMPISTA

Pases, tiros a portería y ejercicios técnicos y tácticos en grupo

Entre los ejercicios de entrenamiento específico del centrocampista, son fundamentales y útiles para ensayar situaciones tácticas de juego que podrán ser determinantes en un partido, los destinados a aumentar la sensibilidad en el toque de balón con las distintas partes del pie, mejorando al mismo tiempo la elasticidad y el equilibrio del cuerpo.

Un excelente ejercicio para trabajar el toque de balón, especialmente recomendable para jugadores jóvenes, consiste en el clásico peloteo contra una pared (figura 122), utilizando ambos pies.

Cuando se haya adquirido un cierto dominio se podrá practicar con otros compañeros, realizando infinitas variantes, para perfeccionar así la técnica del pase.

Veamos algunos ejemplos:

— dos jugadores enfrentados realizan series de pases largos, por alto o a media altura, utilizando las diferentes partes del pie y parando el balón de distintas maneras;
— dos centrocampistas colocados uno frente al otro y situados a una cierta distancia: el que está en poder del balón lo pasa al compañero y corre hacia delante, dejando libre la posición; el receptor, después de haber parado el cuero, se dirigirá con el balón en los pies al espacio que ha quedado libre.
  Este es un ejercicio muy útil para aprender a arrancar con el balón controlado, que mejora el fondo físico de una forma divertida y que al mismo tiempo mejora la técnica de base;

LECCIONES DE FÚTBOL: EL CENTRO DEL CAMPO

123

- dos jugadores situados uno frente al otro, realizan series de pases rasos al primer toque, sin detener el esférico, cada vez más rápidos, aumentando y reduciendo la distancia en carrera, con el objetivo de aprender a calcular la potencia (figura 123);
- tres centrocampistas en línea (figura 124): el jugador B, situado en el medio, simula un saque de banda y con las manos lanza el balón al jugador A, que lo para, se gira rápidamente y lo centra al jugador C, que a su vez lo para y lo pasa a manos del jugador B; seguidamente se intercambian las posiciones; sirve para mejorar la precisión en el centro y la rapidez de reflejos;
- otro ejercicio para trabajar el centro: un centrocampista exterior corre por la banda con el balón en los pies y llega a la línea de fondo; un compañero de equipo, por ejemplo el media punta, recibe su centro partiendo de la línea frontal del área (figura 125);
- dos centrocampistas, que se alternan las posiciones, triangulan: el jugador A pasa el balón al jugador B y corre hacia delante; el jugador B, que está en posición estática, intenta dirigir el balón al primer toque al espacio para facilitar la carrera de A con la pelota en los pies;
- un centrocampista corre en profundidad mientras un compañero de línea intenta hacerle llegar

124

EL ENTRENAMIENTO TÉCNICO Y TÁCTICO DEL CENTROCAMPISTA

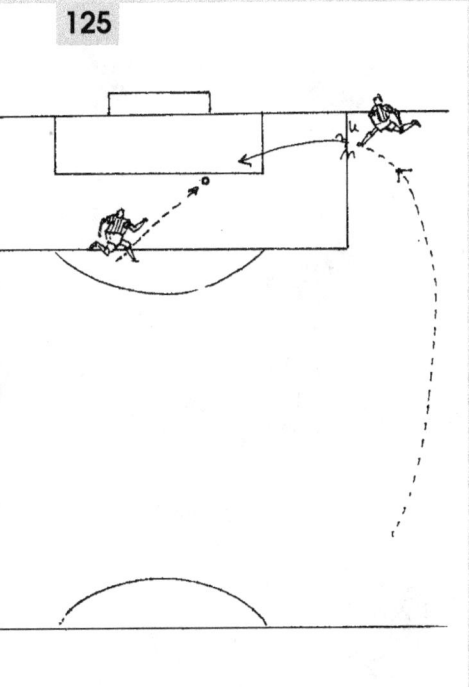

el balón mediante un lanzamiento largo, sin permitir que un tercer jugador que hace de defensa intercepte el balón (figura 126);
— el media punta, marcado en este caso por un centrocampista defensivo, arranca en profundidad, mientras que el organizador de juego, que avanza con el balón en los pies, intenta hacerle llegar el balón mediante un pase preciso (figura 127): este ejercicio sirve para trabajar tres capacidades al mismo tiempo: el desmarque, el control del adversario al hombre y la asistencia.

Ser un buen pasador es una importante habilidad del centrocampista, pero no podrá ser un jugador completo si no sabe chutar a puerta con potencia y precisión.

LECCIONES DE FÚTBOL: EL CENTRO DEL CAMPO

Veamos una serie de ejercicios muy útiles para repetir durante los entrenamientos:

— partiendo de la línea de medio campo, se avanza hasta el límite del área, llevando el balón el propio jugador o intercambiando pases, y, sin detenerse, chuta a puerta desde todas las posiciones, utilizando las distintas partes del pie: con el interior (figura 128) y con el exterior (figura 129) dando efecto al balón, que seguirá una trayectoria arqueada, y sobre todo con el empeine (figura 130), que es el disparo que permite imprimir más potencia al balón;
— al recibir el pase de un compañero, chutar la pelota de volea desde todas las posiciones y todas las distancias, tomando un poco de carrerilla y procurando que la potencia no vaya en detrimento de la precisión (figura 131);
— con la ayuda de cuerdas se divide la portería en varias partes y el jugador chuta a la zona deseada, con el balón parado o en carrera y con las distintas partes del pie (figura 132);
— con la ayuda de algunos compañeros o de perfiles de madera (figura 133), se entrena el lanzamiento de faltas desde el límite del área, superando la barrera; se trata de un ejercicio fundamental, ya que hoy en día muchos partidos se deciden gracias al lanzamiento de una falta de estas características.

Por último, no olvidemos que un buen centrocampista tiene que do-

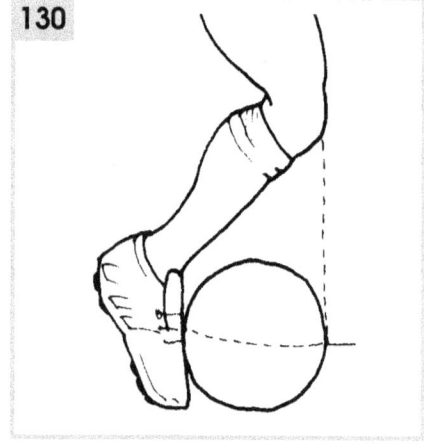

EL ENTRENAMIENTO TÉCNICO Y TÁCTICO DEL CENTROCAMPISTA

131

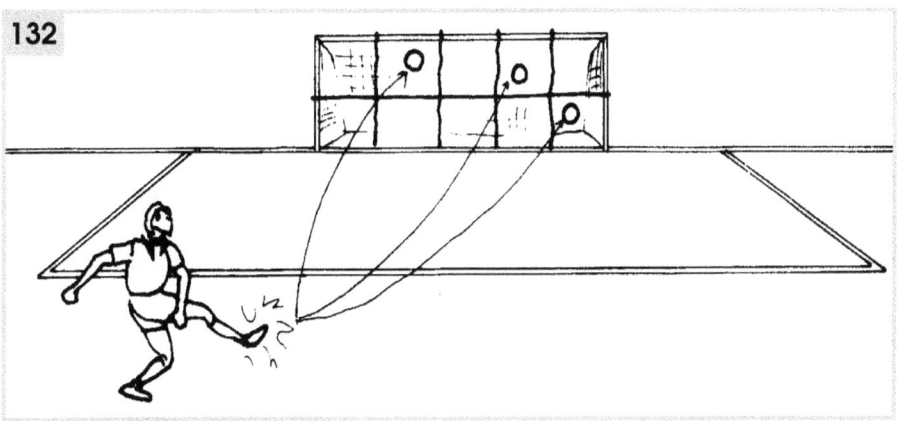

132

133

 **LECCIONES DE FÚTBOL: EL CENTRO DEL CAMPO**

minar igualmente el juego defensivo y, por lo tanto, es importante entrenarlo también.

En este caso el entrenamiento también puede desarrollarse de dos maneras diferentes:

— colectivamente, practicando por ejemplo las ayudas defensivas y el *pressing* en los partidillos de entrenamiento, o bien simulando situaciones particulares que se producen en el juego, según las indicaciones del entrenador;
— individualmente, entrenándose con la ayuda de un compañero, ya sea en el marcaje estrecho (figura 134), o entrando para recuperar el balón (figura 135).

Tercera parte

METODOLOGÍA DE TRABAJO Y PREPARACIÓN FÍSICA GENERAL

LA APROXIMACIÓN AL JUEGO

La capacidad de aprendizaje

Desde su nacimiento, el niño demuestra instintivamente curiosidad y deseo de aprender; progresa con facilidad, ya sea mediante el contacto con los objetos con los que juega o con las personas junto a las que crece. Su pensamiento se orienta en todas direcciones y está siempre abierto a todos los estímulos. De hecho tiene a su disposición cinco *puertas*: la vista, el oído, el tacto, el gusto y el olfato, que utiliza para aumentar sus conocimientos y para desarrollar sus capacidades. Absorbe una enorme cantidad de datos sin el mínimo esfuerzo y después los organiza a su manera para resolver problemas y situaciones. Está demostrado que el niño, si se le estimula oportunamente, tiene una gran capacidad para encontrar soluciones. Más que ser convergente, es decir propenso a encontrar la solución correcta, es divergente, proclive a encontrar soluciones personales y originales, una característica que está en la base del pensamiento creativo. Puede resultar beneficiado si vive en un ambiente en el que haya diversión, disponibilidad, confianza y colaboración. Para el niño pequeño jugar es aprender; la curiosidad sin límites es una de sus características. Se le puede enseñar cualquier cosa, con tal de que se le explique de forma clara y precisa; el colegio empieza a los seis años, el aprendizaje desde el nacimiento.

El juego del fútbol está sujeto a continuas innovaciones porque su evolución y la ciencia ofrecen mucho, tanto desde el punto de vista de la metodología y del trabajo como de la técnica y de la investigación. El acercamiento al juego del fútbol se produce por una elección personal o, a menudo, por una decisión del padre. El niño también se aplica en el deporte con el deseo de destacar. Naturalmente es necesario tener pasión y predisposición, motivación y temperamento, pero sobre todo, un don instintivo que habitualmente se denomina *destreza*, cualidad que viene claramente favorecida por determinadas estructuras musculares y por una buena coordinación entre la mente y las piernas. En el fútbol, también se puede trabajar la capacidad mnemónica, porque el deporte, como otras actividades, requiere una gran concentración. Se pueden conseguir mejores prestaciones con el

LA APROXIMACIÓN AL JUEGO

> **INTELIGENCIA Y MEMORIA**
>
> La memoria, en cuanto facultad para conservar y recuperar experiencias y conocimientos pasados, se puede considerar como el archivo del cerebro, no visto únicamente como un simple contenedor, sino como un elemento dinámico que está en continua transformación y renovación.
> Memorizar y retener son los efectos consecutivos y persistentes de un proceso de aprendizaje y, por tanto, deben ser estimulados y potenciados cuanto sea posible. La capacidad de retener es, en los adultos, potencialmente ilimitada, así como en los niños, que tienden a adquirir y a hacer suyo todo tipo de conocimientos y experiencias. Por ello, el adulto debe favorecerlos y ayudarlos en este proceso, transmitiendo mensajes sencillos, inequívocos y claros para no confundir, ni crear nociones falsas o equivocadas.
> Todo esto es válido también para las actividades lúdicas y deportivas, que deben realizarse con cuidado y conocimiento.

ejercicio de la memoria, sincronizando la mente y los músculos en un trabajo no demasiado riguroso pero continuo, si uno se aplica desde muy joven. En consecuencia, es importante que se repita un movimiento para que un determinado recurso se vuelva automático. De esta manera se activa el área premotora, identificada como la que se activa poco antes de efectuar el movimiento mismo.

Hipótesis de trabajo

El fútbol es una actividad dinámica en grupo que presupone un juego abierto y espectacular. Sobre todo tendría que ser una disciplina de alto contenido técnico.

Hay que actuar de una forma razonable y respetuosa, sabiendo que los niños entre 6 y 12 años son muy receptivos, al encontrarse en el periodo de vida más indicado para ser educados, criados y moldeados (pero no plagiados). Por lo tanto, lo más oportuno es promover formas de conocimiento y de diversión en una programación basada en orientaciones muy cuidadosas.

Teniendo en cuenta estas premisas y la disponibilidad de los niños para aprender, resulta que, aun asignándoles una zona del campo donde desarrollar los diferentes roles en función de sus actitudes, lo mejor es dirigirlos desde el principio hacia un juego libre sin frenos y sin límites. Para acostumbrarlos, de esta modo, a jugar con espíritu ganador, intentando recuperar el balón del adversario y después a manejarlo con mentalidad ofensiva, lo cual es ya una característica del fútbol, pero también lo es de los niños, que en cada competición participan para ganar.

Del individuo al grupo

En primer lugar, el sentimiento de territorialidad exalta el grupo y mejora al individuo, haciéndolo fuerte

LECCIONES DE FÚTBOL: EL CENTRO DEL CAMPO

en la colectividad. Es una manera de estar más integrados en un grupo y de sentirse más fuertes. ¿Con qué objetivo? La gestión del territorio implica una especialización de los individuos que lo ocupan, lo que significa una mejor distribución de las responsabilidades y del cansancio, pero también una mayor implicación psicológica (atención, concentración, memorización). En el campo deportivo, el entrenador debe preparar a los niños para que se adapten a todas las zonas del campo y resuelvan las distintas situaciones, además de ofrecer un marco de juego creativo, lleno de vivacidad, proponiendo una formación diferente y sin prejuicios. De este modo, los niños tocan más el balón, aumenta su sensibilidad y adquieren mejor movilidad y agilidad, sin reprimir nunca su iniciativa y su imaginación.

Los jóvenes no suelen ser demasiado seguros ni dinámicos con el balón en el momento de enfrentarse a un adversario o en regate. Hoy en día también se exige al defensor los llamados *pies buenos*, para que asuma el papel de creador y constructor de una jugada, sepa atacar y esté en disposición de interpretar el partido con un alto nivel técnico. Practicando este sistema, el chico adquiere muchos conocimientos y, por lo tanto, estará en condiciones de actuar tanto de forma individual como colectiva.

Los esquemas, la táctica y la organización de juego se enseñarán en un segundo momento, cuando los niños se conviertan en chicos de trece o catorce años y se haya formado ese espíritu de grupo para jugar con un único objetivo: el éxito del equipo (entendido como forma de juego antes que como resultado final), y no el lucimiento personal.

En conclusión, es positivo encauzar a los niños hacia el fútbol cuando tienen seis años, para que a los doce o trece estén dotados de capacidades técnicas similares a las de los jugadores de dieciséis. Para madurar no existen reglas fijas: en cada persona varía el proceso de aprendizaje, ya que depende de muchos factores. Tampoco pueden faltar la capacidad, la experiencia y la paciencia de los instructores. Además, es necesario que los padres tengan serenidad y discreción y no intervengan en el trabajo del club.

EJERCICIOS DE CALENTAMIENTO Y DE RELAJACIÓN

El calentamiento

El calentamiento es la fase indispensable previa al entrenamiento y a la competición. Será más ligero antes de los entrenamientos y más intenso antes de las competiciones.

Se utilizan, además de la carrera a ritmo lento, algunos ejercicios para la movilidad de las articulaciones y otros ejercicios de estiramiento.

Los ejercicios para entrenar estos movimientos tienen el objetivo de conseguir incrementar la amplitud de las articulaciones y la elasticidad muscular:

• Ejercicio para la movilidad de la espalda: se dobla el tronco y se mantiene la espalda plana durante 30 segundos (fig. 136).

• Ejercicio de tensión para los hombros: se puede realizar también con la ayuda de un compañero o de una cuerda, durante 10 segundos (fig. 137).

LECCIONES DE FÚTBOL: EL CENTRO DEL CAMPO

• Ejercicio de estiramiento para los músculos de la zona lateral del tronco, de los brazos y de los hombros: se estiran los brazos hacia arriba con las muñecas cruzadas y, si es posible, con las palmas en contacto durante al menos 7 u 8 segundos (fig. 138).

• Ejercicio para realizar «a gatas»: es útil para los músculos de los hombros, brazos, espalda y zona lumbar. Hay que mantener la posición durante 15 segundos (fig. 139).

• Ejercicio para el estiramiento muscular de brazos y hombros: manteniendo el tronco y la cabeza erguidos, estirar los brazos hacia atrás y hacia arriba, sin forzar demasiado, durante 10 segundos (fig. 140).

EJERCICIOS DE CALENTAMIENTO Y DE RELAJACIÓN

El estiramiento muscular (o *stretching*) aumenta la flexibilidad y la movilidad de las articulaciones y mejora la capacidad funcional:

• Ejercicio para la parte inferior de la pantorrilla y el tendón de Aquiles: desde una posición erguida, doblar el tronco hacia delante y flexionar la rodilla de la pierna más retrasada, sin separar la planta de los pies del suelo. Mantener la posición 15 o 20 segundos con cada pierna (fig. 141).

• Ejercicio para la musculatura anterior del muslo (cuádriceps): mantener esta posición 15 segundos con cada pierna (fig. 142).

• Ejercicio para tensar correctamente la musculatura posterior de la pierna elevada (indicado para la carrera): mantener la posición 20 segundos con cada pierna (fig. 143).

- Ejercicio para estirar la musculatura anterior de la pelvis (iliopsoas) y aumentar la tensión de la musculatura posterior del muslo y los abductores: mantener la posición 20 segundos con cada pierna (fig. 144).

- Ejercicio para estirar los abductores del muslo (área inguinal): mantener la posición durante 30 segundos (fig. 145).

La relajación

Estos ejercicios ayudan a devolverle al cuerpo, gradualmente, la normalidad después de la actividad deportiva:

- Ejercicio para estirar la musculatura posterior de la pierna (pantorrilla) y garantizar mayor flexibilidad y energía en las extremidades inferiores: se mantiene la posición 40 segundos con cada pierna (fig. 146).

- Ejercicio para tensar la musculatura anterior de las piernas, rodillas, espalda, tobillos, tendón de Aquiles y el área inguinal: se mantiene la posición durante 20 segundos (fig. 147).

- Ejercicio de *stretching* para estirar la musculatura posterior del muslo: 30 segundos con cada pierna (figura 148).

EJERCICIOS DE CALENTAMIENTO Y DE RELAJACIÓN

- Ejercicio para estirar los músculos que hay a lo largo de la columna vertebral: se rueda suavemente 8 o 10 veces hacia atrás y hacia delante sobre la espalda (figs. 149 y 150).

- Ejercicio para revitalizar las piernas: en decúbito dorsal, se llevan las extremidades inferiores y los pies a 90 grados, con la columna vertebral y la pelvis en contacto con el suelo, manteniendo la posición durante 1 o 2 minutos (fig. 151).

 **LECCIONES DE FÚTBOL: EL CENTRO DEL CAMPO**

Ejercicios para descargar la columna vertebral

Para prevenir dolores y problemas que pueden ser incluso graves en la zona lumbar, es siempre importante realizar algunos ejercicios que sirvan para descargar la tensión de la columna vertebral al terminar cada sesión de entrenamiento:

• Desde la posición llamada *a cuatro patas*, en la que se apoyan los antebrazos en el suelo, se llevan, sin forzar, los glúteos hasta los talones mediante algunos balanceos (figuras 152 y 153).

• Desde la posición supina, se doblan las piernas y se llevan (una sola o las dos a la vez) hasta el pecho. Este ejercicio favorece la relajación de la columna vertebral y del cuerpo en general (figura 154).

• Siempre en posición supina, se flexionan las piernas para pasarlas por encima de la cabeza, que se mantiene apoyada en el suelo. Este ejercicio disminuye la rigidez y aumenta la flexibilidad de la columna vertebral, favoreciendo, además, la

EJERCICIOS DE CALENTAMIENTO Y DE RELAJACIÓN

circulación en las extremidades inferiores (figs. 155 y 156).

• Ejercicio para la musculatura dorsal, de los glúteos y de las extremidades inferiores: estirados en posición supina, se lleva una pierna hasta el pecho, mientras la otra se deja estirada, permaneciendo en esa posición 20 o 30 segundos con cada pierna (fig. 157).

• Ejercicio típico de descarga para la columna vertebral: desde una posición supina, se elevan las piernas, se doblan por la rodilla unos 90 grados, y se apoyan sobre una banqueta durante 4 o 5 minutos (fig. 158).

EJERCICIOS DE POTENCIACIÓN MUSCULAR

Un trabajo que se proponga mejorar la musculación tiende a incrementar la fuerza y la potencia para desarrollar la masa muscular.

Todos los ejercicios de musculación consisten en soportar una fuerza que se debe vencer o balancear por medio de una contracción muscular. Normalmente, esta fuerza es un peso que se debe sostener o desplazar que puede tratarse de:

— el propio cuerpo o una parte de él;
— un aparato gimnástico;
— el cuerpo de un compañero.

La contracción puede ser:

— *isométrica o estática*, cuando el peso es superior a las posibilidades individuales y, por lo tanto, la contracción muscular no consigue realizar ningún movimiento;
— *isotónica o dinámica*, cuando se realiza un desplazamiento del peso mediante un movimiento.

La contracción dinámica favorece el desarrollo de la potencia y de la resistencia muscular.

Los métodos de entrenamiento de la musculatura se pueden clasificar en tres grupos:

— de tensión (muscular) isométrica;
— de tensión isotónica: método de esfuerzos repetidos (fuerza de resistencia), método de cargas máximas, *power training* (fuerza ligera) y circuitos de *training*;
— pliométrico (fuerza ligera y fuerza de resistencia).

La elección de los ejercicios que se incluyan en el circuito de entrenamiento depende de los grupos musculares que se desee trabajar. Así, con el método pliométrico tendremos ejercicios más eficaces para el desarrollo de la fuerza rápida (potenciación), y de la fuerza resistente del atleta: es el sistema que mejora la fuerza rápida (o explosiva) basándose en las contracciones musculares, tanto excéntricas como concéntricas (de tipo isotónico), y en el principio del estiramiento y encogimiento del músculo. Por lo tanto, se hablará de fuerza excéntrica en las contracciones con estiramiento y de fuerza concéntrica en el encogimiento de los músculos en cuestión.

En el fútbol, la fuerza más utilizada es la explosiva (potencia), que, sin embargo, no puede desarrollarse autónomamente si no se trabaja también sobre la fuerza resistente y

EJERCICIOS DE POTENCIACIÓN MUSCULAR

general. La fuerza es la capacidad de vencer una resistencia sin tener en cuenta el factor tiempo, mientras que la potencia está representada por la fuerza que se desarrolla en un lapso de tiempo relativamente breve. La fuerza y la potencia se distinguen por la velocidad de ejecución.

Para conseguir mejoras concretas y duraderas, hay que preparar un programa de potenciación gradual y continuo, desde los nueve o diez años hasta los quince o dieciséis; después se podrán aumentar las cargas de trabajo. Por lo tanto, hay que respetar tanto la edad de los jugadores como su evolución morfológica y funcional en el periodo de crecimiento, además de las características individuales y el nivel de entrenamiento alcanzado.

Ahora examinaremos algunos ejercicios sencillos de potenciación muscular, que pueden realizar hasta los principiantes, de manera que todos puedan seguir los programas de entrenamiento sin problemas.

Programa simple de potenciación (extremidades superiores e inferiores, músculos abdominales y dorsales)

El circuito de cuatro estaciones hay que repetirlo dos veces (dos series). Se trabaja durante 30 segundos con 30 más de recuperación. Entre una serie y otra se dejan tres o cuatro minutos de recuperación:

• Ejercicio n.° 1: con los brazos abiertos y un balón en cada mano, se efectúa una torsión del tronco a dere-

cha e izquierda, mientras se dirige la cabeza hacia delante (fig. 159).

• Ejercicio n.° 2: con las piernas separadas, se sujeta el balón por encima de la cabeza, con los brazos hacia arriba y se baja el balón por detrás de la nuca (fig. 160).

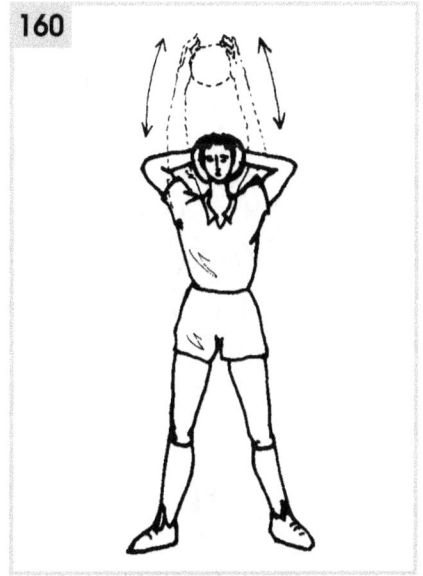

LECCIONES DE FÚTBOL: EL CENTRO DEL CAMPO

• Ejercicio n.° 3: se realizan flexiones de brazos (con o sin balón en las manos) (fig. 161).

• Ejercicio n.° 4: se realizan algunos saltos con la cuerda alternando los pies juntos con un solo pie (fig. 162).

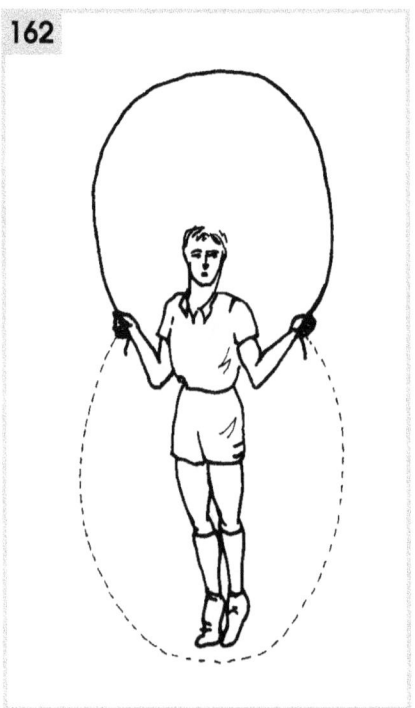

Entrenamiento muscular en circuito
(circuit training)

El circuito se compone de ocho estaciones o zonas de trabajo:

• Ejercicio n.° 1: se salta la cuerda en el sitio o avanzando ligeramente, con o sin salto intermedio y siempre con los pies juntos. Acortando la cuerda, se dan después algunos saltitos con los pies juntos y en posición agachada. Se puede empezar con 20 o 30 segundos (figura 163).

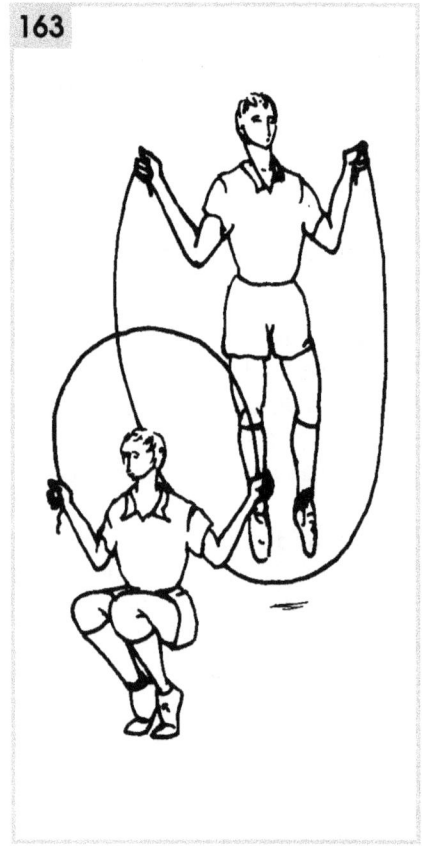

EJERCICIOS DE POTENCIACIÓN MUSCULAR

• Ejercicio n.° 2: en posición supina, se doblan a la vez el tronco y las piernas, cogiendo las rodillas con las manos. Se vuelve después a la posición inicial. Se realiza el ejercicio 8 o 10 veces (fig. 164).

• Ejercicio n.° 3: con el tronco erguido, se sube y se baja, en cuatro tiempos, a una banqueta de 50 cm de altura. Se repite 12 o 15 veces (fig. 165).

• Ejercicio n.° 4: en posición erguida, nos agachamos doblando las piernas

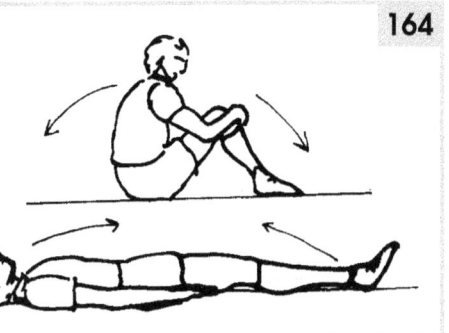

y apoyando las manos en el suelo para estirar el cuerpo hacia atrás. Después se vuelve a la posición inicial. Se necesitan cuatro tiempos: dos para la ida y dos para la vuelta. Debe repetirse de 8 a 12 veces (figura 166).

• Ejercicio n.° 5: estirados en el suelo en posición de cúbito supino, se levantan las dos piernas juntas y

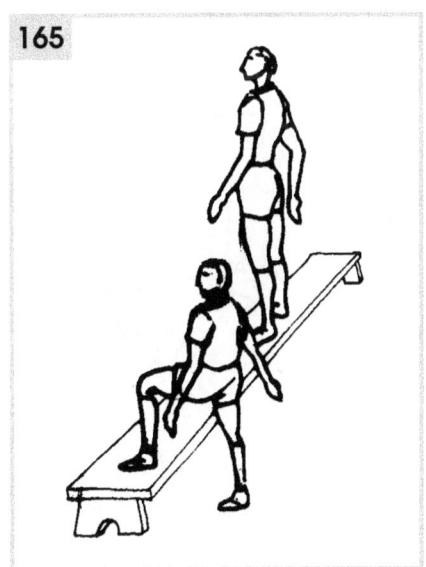

estiradas hasta formar un ángulo recto con el tórax y después se llevan, muy lentamente, a la posición inicial. Debe repetirse el ejercicio 8 o 10 veces (fig. 167).

• Ejercicio n.º 6: nos sentamos a caballo en una banqueta de 30 o 40 cm de altura y sujetando un par de pesas, saltamos sobre ella.

Debe repetirse 6 u 8 veces seguidas (figura 168).

• Ejercicio n.º 7: con el cuerpo estirado, deben realizarse 6 u 8 flexiones de brazos (fig. 169).

• Ejercicio n.º 8: De pie sobre un plano inclinado se doblan las rodillas sujetando las pesas sin levantar los talones. Debe repetirse 6 u 8 veces (fig. 170).

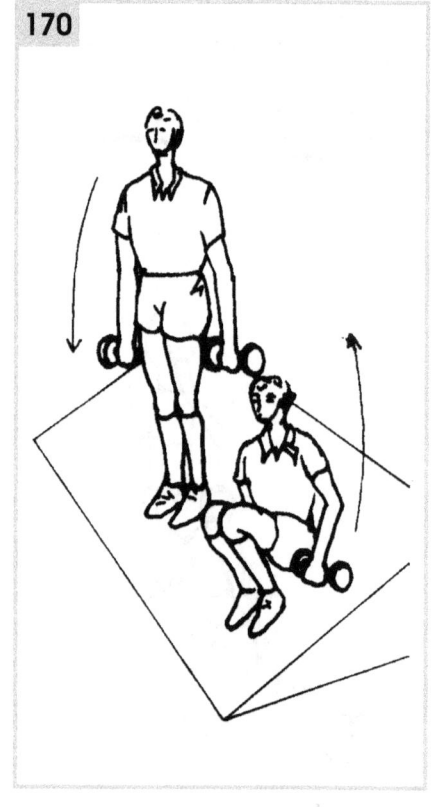

EJERCICIOS DE POTENCIACIÓN MUSCULAR

Programa de entrenamiento para grupos musculares alternados

El orden de ejecución de los ejercicios (fig. 171) sigue el principio de alternar las zonas musculares más importantes, por lo que, por ejemplo, a un ejercicio para las extremidades inferiores le sigue otro para las extremidades superiores y luego otro más para los abdominales. La recuperación es automática durante

171

el trabajo. Cada ejercicio (diez estaciones) durará 60 segundos.

• Ejercicio n.° 1: extremidades superiores e inferiores.

• Ejercicio n.° 2: abdominales.

• Ejercicio n.° 3: extremidades inferiores.

• Ejercicio n.° 4: espalda y abdominales.

• Ejercicio n.° 5: extremidades inferiores.

• Ejercicio n.° 6: glúteos, extremidades superiores e inferiores.

• Ejercicio n.° 7: extremidades inferiores.

• Ejercicio n.° 8: tronco.

• Ejercicio n.° 9: espalda y abdominales.

• Ejercicio n.° 10: pantorrillas.

Ejercicios en el gimnasio

Son útiles para desarrollar la fuerza y la potencia gracias a la utilización de máquinas y aparatos isotónicos que actúan sobre distintos grupos musculares. El número de repeticiones, la carga y la intensidad hay que adecuarlos a la capacidad individual, teniendo siempre presente que todo exceso produce más daños que beneficios:

• Para las extremidades superiores y el tronco:

— levantamiento de pequeñas pesas de mano (bíceps y tríceps);
— *lat machine* (musculatura de la espalda y de los brazos).

• Para las extremidades inferiores:

— *leg press* (piernas);
— *leg curl* (bíceps femorales, músculos posteriores de los muslos);
— *leg extensión* (cuádriceps, músculos anteriores de los muslos).

172

Otros ejercicios para las extremidades inferiores

• Carrera corta repetida.

• Saltos hacia arriba y hacia delante con o sin obstáculos (fig. 172).

EJERCICIOS DE POTENCIACIÓN MUSCULAR

- Carrera corta en subida.

- Carrera dentro del agua de poca profundidad y con agua hasta la altura del pecho (si es posible).

- Carrera frenada con arrastre sujeto a la cintura por cintas elásticas (figura 173) o con paracaídas (fig. 174).

También el *skip* (véase págs. 29 y 30), como la carrera llevando los talones hasta los glúteos son de gran utilidad para la potenciación de toda la musculatura de la pierna, del pie y de los flexores del muslo. Se trata de unos ejercicios muy adecuados para todos, pero sobre todo para los niños.

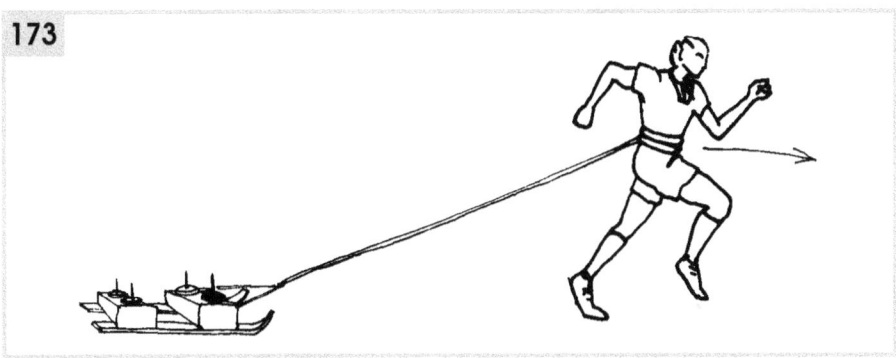

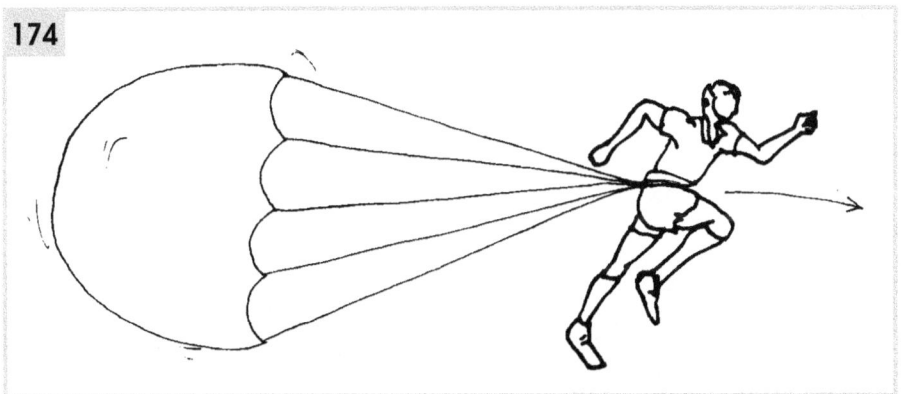

www.ingramcontent.com/pod-product-compliance
Lightning Source LLC
Chambersburg PA
CBHW050502110426
42742CB00018B/3337